現代社会と実践／理論・養成教育／当事者運動

いま、ソーシャルワークに問う

旭洋一郎
髙木博史
【編著】

西﨑　緑・打保由佳
深田耕一郎・小森淳子
【著】

生活書院

まえがき

二〇一五年になった頃、元同僚といっても大先輩だが、長野大学教授（当時）の旭洋一郎先生とSNSで何気ないやりとりをしていたところ、いつしか日本のソーシャルワークが危機的な状況にあるのではないかという話になって盛り上がった。

当時は、アベノミクスを標榜し、経済優先の施策を遂行しようとする第二次安倍内閣が二〇一二年に発足し、すでに第三次の内閣に移行している頃で、新自由主義に傾倒する一方で、格差と貧困が拡大し、医療や介護、生活保護、年金といったおよそほとんどの社会保障の領域で縮減や負担増といった政策が遂行された／されようとしていた社会情勢であった。そうした中で、お互いにソーシャルワーカー（社会福祉士）の養成に携わってきた筆者と旭先生が、「日本のソーシャルワークは今のままで良いのか！」という認識を共有することに時間はかからなかった。とくに、社会保障や社会福祉の状況が政治や社会のあり方に大きく左右されるというのは共通認識であった。

今日におけるソーシャルワーカー養成教育においては、政治と社会保障・社会福祉、あるいはソーシャルワークとの関係について必ずしも十分な学習がプログラムとして用意されているわけではない。否、むしろ、忌避さえされているのではないかといった感もある。また、そうした政治の結果として社会に表出する貧困や差別、あるいは、権力／権力的なものと対峙してきた思想や獲得してきた権利といった「たたかい」の歴史については、わずかに触れられるだけであるといっても言い過ぎではない。一方で、福祉市場化が進められた二〇〇〇年前後の社会福祉基礎構造改革による介護保険の導入によって半ば義務的に作成しなければならなくなった「個別支援計画」をいかにつくるのかといった技術的なことに大幅な時間を費やしているのが現状である。

もちろん、ソーシャルワーク教育の中で「個別支援計画」を作成する技術が必要ないということではない。「個別支援計画」を作成する上でのアセスメント能力などはソーシャルワーカーにとって必要不可欠なものである。しかし、たとえば、介護保険制度の枠の中で、用意されたサービスをいかに「効率的」に組み合わせることができるのかという「技術」を身に付けたところで、それだけでは必ずしも本質的なソーシャルワークとはいえないのではないだろうか。なぜならば、個別のニーズは、その人の歩んできた人生の歴史や社会の構造と深く結びついており、その理解なしには、本当に当事者のニーズを満たすソーシャルワークの実現はあり得ないのであり、単に与えられた制度の枠内で社会資源と結びつけるだけでなく、必要に応じて社会に働きかけていく創造的な展開を行っていく作業こそがソーシャルワークだからである。

本書の構想から諸事情で実に七年の時を経ているが、筆者を取り巻く環境や社会情勢にも様々な変化があった。二〇一五年には、戦後初めてといわれる大幅改正となった生活保護法と反貧困運動団体の間にも賛否両論があった生活困窮者自立支援法の施行、そして、国論を二分したといっても良い「集団的自衛権の行使」を容認した安全保障関連法の成立、二〇一六年には、熊本地震や、優生思想を背景に持つとされ障害者施設で一九人の命が奪われた相模原事件、二〇一七年には現代の治安維持法と呼ばれる「共謀罪」の成立、二〇二〇年から始まったコロナ禍においては、コロナ差別といった事態も生じてきている。また、この間、一貫して社会保障の縮減と自己責任論の跋扈とインターネットを通した「弱者たたき」、非正規雇用が約四割、八〇五〇問題の深刻化といった格差・貧困の拡大、収束の目途が立たない福島原発事故など国民の権利侵害や平和の下に生きる権利＝平和的生存権が脅かされてきている。こうした社会的情勢の中で、日本のソーシャルワークがどのようにそれらに向き合ってきたのか。

本書は、そうした現状を見つめなおし、現代社会とソーシャルワーク・ソーシャルワーカー養成教育の現状、ソーシャルワーク実践からみえる今後の展望、そして当事者運動とソーシャルワークといった視点から、「ソーシャルワークのいま」を問い直し、今後のあり方を模索する試みである。

髙木博史

いま、ソーシャルワークに問う——現代社会と実践／理論・養成教育／当事者運動

目　次

第Ⅰ部　現代社会とソーシャルワーク実践

第1章　「ケアマネジメント」化するソーシャルワーク
介護保険制度の導入は何をもたらしたのか

髙木博史

第4章　コミュニティ・ソーシャルワーカーとソーシャル・アクション

西﨑　緑

第7章　ソーシャルワーカー養成と支援現場と

打保由佳

第3部　当事者運動とソーシャルワーク

第8章　ソーシャルワークにおける援助関係・再考
青い芝の会の友敵理論から

深田耕一郎

第9章　ソーシャルワークは優生思想にどう向き合うのか
優生保護法と当事者運動

小森淳子

第Ⅰ部　現代社会とソーシャルワーク実践

第1章

「ケアマネジメント」化するソーシャルワーク

介護保険制度の導入は何をもたらしたのか

髙木博史

1　現代日本におけるソーシャルワークに対する違和感

(1)　現代日本社会の諸相とソーシャルワーク

今日の日本社会のすがたを見ていくと、一九四五年の第二次世界大戦の敗戦から驚異的な復興を遂げた先進国の中でも「豊かな国」としてのイメージとは裏腹に、至るところで「生きづらさ」を抱える人々の存在を見ることができる。貧困や差別、ブラック企業の蔓延、ホームレスへの襲撃・排除、単身高齢者の増加や八〇五〇問題に象徴されるような社会的孤立、様々なハラスメントやいじめの問題、子ども・高齢者・障害者に対する虐待、DV、あるいは未だ収束していない原発事故など多様で深刻化する社会問題は枚挙に暇がない。

今日、インターネットは情報を取得する手段として必要不可欠のものとなっている。また、お互いに実際の面識はなくても手軽に「友達」としてつながることができるSNS（ソーシャル・ネットワーキング・サービス）は、現代に生きる人々のコミュニケーションツールとして隆盛をきわめている。しかし、こうしたインターネット上では、見るに堪えない差別的書き込みや表現が至る所で散見される。とくに、事件などのニュースに寄せられるコメントでは、中国籍・韓国（朝鮮）籍を持つ人々（あるいは国そのもの）に向けられる根拠のないヘイト（憎悪）コメントともいうべきものが後を絶たない。

また、政治家による差別的言動も繰り返し行われている。たとえば、現在の政権与党である自由民主党所属の国会議員、片山さつき氏は「生活保護は恥の文化」[1]であるという主張を展開し、生活保護利用者に対する徹底的な侮蔑を投げつけ、政治・行政主導の生活保護バッシングの先頭に立ってきた。二〇一二年末には、当時政権を担っていた民主党から政権交代を果たし自由民主党が第二次安倍政権を発足させ、その直後の二〇一三年から二〇一五年にかけて行った戦後最大となる生活保護費の引下げを遂行したが、片山氏は、その「立役者」の一人であった。

こうした社会的・政治的状況のなか、二〇一六年七月二六日、二〇代半ばの植松聖《さとし》容疑者が、相模原市の障害者施設「津久井やまゆり園」に侵入し入居者を襲撃、一九名の障害者の命が奪われ、施設職員を含む二六名が負傷するという事件が起こった。

植松容疑者はすでに死刑判決が確定しているが、事件を起こす前に衆議院議長あてに障害者虐殺をほのめかす手紙を送っていたことや、自らも事件を起こした施設にかつて勤務していたこと、「学校教員を志望しつつ、結局それが果たせなかった」[2]ことなどが報道によって明らかになっている。このような重大事件を引き起こした植松死刑囚の思想的背景はどのように形成されたのか。

日本障害者協議会代表の藤井克徳は「この事件は現代日本社会の投影である」と指摘し、現代日本社会の現実について「度を過ぎた格差社会であり、あるいは不寛容社会といわれるような現状です。生産性、経済性、効率、速度といったものが、いつからか人間の価値を計るバロメーターになってしまいました」[3]と述べている。競争原理が優先される社会の中で、植松死刑囚自身が「生きづらさ」や強いストレスを抱え、その発散のターゲットとして障害者施設が狙われたのなら、単に加害者自身のパーソナリティの問題のみにとどまらず、現代社会の歪みが表出した事件だったともいえる。事件の社会的背景にソーシャルワーカーとしてどう向き合っていくのか、改めて考えさせられた事件であった。

二〇一八年には、片山さつき氏と同じく自由民主党所属の国会議員、杉田水脈氏が雑誌『新潮45』に「「LGBT」支援の度が過ぎる」という論文を発表し、LGBTの人々に対し「彼ら彼女らは子供を作らない、つまり『生産性』がないのです。そこに税金を投入することが果たしていいのかどうか」[4]と述べている。こうした思想は、今日の自由民主党を中心とする政権与党を支配するある意味で一貫しているともいえる新自由主義的価値観だが、政権を担うという責任を負った国会議員として、特定の集団をカテゴライズし「生産性がない」と言い放つすがたに、相模原障害者殺傷事件で指摘された社会的背景についての教訓は何も感じ取れないし、政権与党政治家のこうした姿勢がいつ高齢者、障害者、子どもといった人々に向けられるのか分からないという不安を生じさせている。

実際に、二〇二〇年初頭からの学校休校や緊急事態宣言などこれまで直面したことがないような新型コロナウイルス感染症の拡大下、医療体制ひっ迫による、いのちの「優先順位」(高齢者は後回し)の議論が起きたが、国の政策レベルでもこうしたことが議論されるようになるのではないかという懸念を払拭することはできないし、いつ自分自身がターゲットになってもおかしくないという不安を増殖させている。

次に「貧困化」の状況に目を向けてみよう。それを垣間見ることができるデータの一つに、総務省統計局が毎月実施している「労働力調査」[5]がある。

表1にあるように、二〇二二年の時点で非正規労働者は三六%を占めており、この一〇年ほどは、三〇%台後半の数値で推移している。賃金や賞与といった待遇面で正規採用者と大きな格差のある非正規職員・従業員の増加は、当然のことながら社会全体の貧困化、格差拡大に大きな影響を与え、晩婚・非婚化の流れを加速させてきたといえるだろう。その結果、少子高齢化に歯止めがかからず、二〇二二年の合計特殊出生率は、過去最低の一・二六（厚生労働省発表[6]）となった。岸田政権は、「異次元の子育て支援」というキャッチフレーズを打ち出しているが、小手先の制度改革では、もはや手遅れ感が否めない状況となっている。

また、厚生労働省が実施している、生活保護の利用実態を示す被保護者調査[7]では、生活保護利用世帯の過半数（九一万一三二〇世帯、五五・六%）が高齢者世帯であり、そのうちの九割（八四万三四二四世帯）が単身世帯であることも明らかになっている。

そして、直近の大規模調査である二〇一八年の国民生活基礎調査によると、子どもの貧困率が七人に一人となる一四・〇%[8]であり、二〇二三年六月には、自殺の動機に「奨学金の返済苦」[9]が加えられるなど、子どもから高齢者まで世代を超えた「貧困化」の状況を見ることができる。

表1　非正規の職員・従業員数の割合

年	割合（%）
2013	36.6
2014	37.4
2015	37.4
2016	37.5
2017	37.2
2018	37.8
2019	38.2
2020	37.1
2021	36.7
2022	36.9

出典）総務省統計局「労働力調査（基本集計）2023年（令和5年）4月分」より筆者作成
https://www.stat.go.jp/data/roudou/sokuhou/tsuki/
（2023年6月15日閲覧）

差別や貧困が蔓延する状況は社会全体に閉塞感を漂わせている

が、時代を同じくして、戦争」の足音が聞こえてきている。二〇一四年には、戦後一貫して否定してきた集団的自衛権の行使を容認する政府解釈の変更が、国会の承認を得ることなく閣議決定され、二〇一五年には安全保障関連法が国会に上程された。多くの憲法学者が違憲の疑いを述べ、国会周辺を多数のデモ隊が包囲する中、強行採決が行われた。

そして今日、ロシアのウクライナ侵攻などを受け、日本の平和に対するリーダーシップが問われる中、岸田政権は核兵器禁止条約への署名をかたくなに拒否し続け、一方で防衛費倍増を掲げて軍拡の道を歩んでいる。こうした状況についての赤木智弘の指摘は興味深い。赤木は、「私のような経済弱者は、窮状から脱し、社会的な地位を得て、家族を養い、一人前の人間としての尊厳のある社会を求めているのだ」[10]と述べ、戦争が悲惨であることも認識したうえで「その悲惨さは『持つ者が何かを失う』から悲惨なのであって、『何も持っていない』私からすれば、戦争は悲惨でも何でもなく、むしろチャンスとなる」[11]と語る。閉塞感が漂う社会に生きる人々の一定数がシンパシーを感じていることは否定できない事実であろう。

また、中国との尖閣諸島問題や北朝鮮からのミサイル発射問題に伴う軍備増強などの勇ましい主張は、「愛国」をキーワードにヘイトスピーチを含む排外主義的言説と結びついて表れてくることも少なくない。「ネットウヨク」と呼ばれる存在が、スマートフォンやタブレット端末の普及で気軽にインターネットにアクセスできる環境の下、日増しに発言力を増してきているようにも見える。

ネットウヨクの代表格でヘイトスピーチを前面に表出している団体である「在特会（在日特権を許さない市民の会）」の幹部による、在日コリアンが生活保護を受給していることが許せない（特権だ）という趣旨の演説を聞く中、その幹部の憎悪について、安田浩一は「S（幹部のイニシャル）の憎悪が、そうした『奪われた感覚』に基づいたものであろうことは、ぼんやりと理解できた。彼らは自らが『奪われた者』『被害者』であると思い込んでいる。在日コリアンによってよって、福祉を奪われ、歴史を奪われ、日本人の命を奪われ、さらに領土まで奪われたのだと信じている」[12]と述べている。時には生命の危険さえも感じさせる暴言や罵声を浴びせ続け、人間としての尊厳を踏みにじり安寧な生活を破壊しようとするヘイトスピーチが許されるわけはない。しかし、そこには、確かに現代日本社会の歪みや闇が潜んでいる。

ソーシャルワーカーは、その名の通り、社会（ソーシャル）の構造に働きかけ課題解決を目指す仕事である。直面する社会の課題に歪みや闇が潜んでいるとするならば、その背景や構造に目を向けることも重要な視点の一つである。

これまでも日本のソーシャルワークが社会的に試されているという局面はいくつかあったが[13]、次節以降では、とくにその象徴的な出来事だったといってもよい二〇一三年の生活保護法改正と二〇一五年に成立した安全保障関連法への対応について考察を進めていきたい。

（2）見逃してしまった生活保護法の「改悪」

生活保護の「不正受給」に対する批判と締め付けは、国の財政再建を意図したいわゆる「臨調・行革路線」の一九八一年に出された、「生活保護の適正実施の推進について」（厚生省社会局保護課長・監査指導課長通知　社保第一二三号、いわゆる「一二三号通知」）[14]以来、繰り返し行われてきた。生活保護申請前にあきらめてもらうように誘導するいわゆる「水際作戦」が全国で展開される中、反社会的勢力との関係や単に怠惰に起因するような「不正受給者」に対する厳しい眼は、国民の中にも強く根付いている。

そうした中で、二〇一二年、当時人気絶頂だったお笑いタレントの親族が生活保護を受給していたとする「不正受給」疑惑が週刊誌で報じられ（実際には、福祉事務所との相談の上の受給であり「不正受給」でなかったことが判明している）、「疑惑」をめぐる一連の報道は、生活保護行政に大きな影響を与えることになった。関係者が人気絶頂の芸能人ということもあってワイドショーなどで連日繰り返し報道されるという状況に、少なくない自治体が過剰ともいうべき反応を示した。生活保護の「運営適正化」を口実とし、生活保護利用者の不正「疑惑」があれば、それを市民に通報させるといった「ホットライン」を開設したり、同様の趣旨で兵庫県小野市のように「条例」[15]を制定したところもあった。

すでに述べた片山さつき氏のような一部の政治家の生活保護利用者やホームレスなどに対する無理解・差別的言動が相次ぎ、行政・政治主導による過剰ともいうべき「生活保護バッシング」が全国的に展開された。「不正受給」として報告されるものの中には、単に申告が遅れたり忘れていたというものや、行政からきちんと説明を受けていない不作為によるものも相当数含まれていると言われている。その数は明らかではないが、「報告数＝悪質な不正受給」ということばかりではないことにも留意しておきたい。ただ、この数字が独り歩きをはじめ、さらに、パチンコや飲酒に興じ豪遊しているといった、生活保護利用者の誇張された姿[16]が拡散されることによって、生活保護利用者に対する差別や偏見を助長する社会的風潮を作り出してしまった。

二〇一二年一二月、民主党政権が崩壊し、総選挙で自由民主党が政権に返り咲いて第二次安倍政権が発足し、その直後に生活保護基準の引き下げが決定された。さらに、二〇一三年末には戦後初めて生活保護法の大幅改正が行われた。申請手続きの煩雑化や福祉事務所の調査権限の強化、不正受給に対する罰則や扶養の強化など事実上の「改悪」[17]となることから、日本弁護士会[18]や日本司法書士会[19]に所属する法律家や研究者[20]が反対声明を発出する動きがみられた。

しかし、ソーシャルワーカーの職能団体である日本社会福祉士会の動きは、社会福祉に関する専門的見地から明確な立場を表明することもなく、非常に鈍いものだったといわざるを得ない。日常的に生活保護制度の運用に取り組んでいる立場の人間も含む組織である職能団体が、当事者の声や現場の苦悩を聞きながらそれらを集約し政策に反映させるために働きかけていこうとするプロセスは、少なくとも社会的には見えてこなかった。

その理由として考えられるものの一つに、当時、生活保護法改正案と同時に国会に上程されていた「生活困窮者自立支援法」における社会福祉士の取り扱いがある。生活保護法が各方面から「改悪」批判される一方で、「生活困窮者自立支援法」は生活保護利用に陥らないための防貧的機能を有する法令として、相談機能や住宅給付確保金の給付事業などを「目玉」としたものだった。これらは、「飴とムチ」政策として事実上「セットでの成立」が「条件」とされていた。

日本社会福祉士会は、「社会福祉士資格制度の充実と普及啓発」[21]に関する事業を行うことを目的の一つとしている。社会福祉士は、一九八七年に創設された比較的に新しい資格ということもあってか、それまで社会福祉領域の資格として認識されていた「保育士（保母）」や「社会福祉主事任用資格」と比較して必ずしも知名度が高いわけではなかった。そうした状況もあり、社会福祉士の「職域拡大」に尽力してきた側面がある。この生活困窮者自立支援法では、社会福祉士が「生活困窮者自立支援相談員」の任用資格の一つとされ、それまで生活保護ケースワーカーなどに従事する公務員を除くと相対的に施設勤務が多かった社会福祉士の職域拡大につながるということから、本法案の成立を心待ちにしていた側面がうかがえる。

しかし、法律の制定によって確かに「職域」は拡大したが、基本的に単年度事業である「生活困窮者自立支援事業」の「相談員」という立場は、結果的に「非正規」の社会福祉士を大量に生み出すこととなった。「職域拡大」やその職種の地位向上を目的としている職能団体の性格上、一定程度の「政治的取引」(的)なものが水面下で行われること自体は、まったく理解できないというわけではないが、権利侵害のおそれが強まる懸念があると指摘されていた生活保護法の「改悪」についても事実上の「沈黙」をしてしまったことに大きな禍根を残した。

生活困窮者自立支援法については、反貧困運動を展開してきた団体からも事実上「自治体任せ」の法律で、行き過ぎた就労指導や関係部署のたらいまわしの懸念があることを指摘する声もあり、賛否両論が飛び交っていた。

もちろん、日本社会福祉士会のような職能団体の動きが私たちソーシャルワーカー個々人の考えを代弁しているとまではいえないが、ソーシャルワーカーが個別に生活保護法改悪反対運動や生活困窮者自立支援法に対する懸念を示し、さらに社会的に発言していくことには限界があるだろう。ソーシャルワーカーの職能団体であるならば、こうした人権や生存権保障といったことにかかわる重要政策や動きに対しては、組織的な議論を展開し、場合によっては権力に対抗していくという姿勢も必要ではないだろうか。

本件に関しては、私の知る限りにおいて、ソーシャルワークの関連学会などから声明や見解も発出されてはいない。こうした状況は、ソーシャルワークが社会に、あるいは政治に対してどのような距離感を持つべきかということについて、一つの試金石となるのではないだろうか。

（3）「安全保障関連法」へどう向き合ったのか

二〇一五年夏、国会前は「安全保障関連法」に反対する多くの国民で溢れていた。少なくない国民が全国から国会前に集結したのは、わたしたちの国が戦後七〇年間、日本国憲法の下で「どこの国とも戦火を交えない」と守ってきた強い決意が「集団的自衛権の行使容認」を具体化する法案によって大きく揺るがされることになったからである。

政府がいくら「平和のための」という言葉を発しようとも、たとえば、アメリカから軍用機オスプレイを相場の倍とも言われる価格で一七機（約三六〇〇億円分）を購入することや、伸び続ける五兆円超の防衛費、武器輸出を支援する方針を打ち出していること、そして、在日の人々へ対するヘイトスピーチに見られる歪んだナショナリズムと排外主義の跋扈、「一億総活躍」といわれる国民統合、国家総動員体制への布石など「いつか来た戦争への道」を想起させる材料には事欠かない状況が生まれてきていたといってよいだろう。また、集団的自衛権の行使が容認されれば、アメリカの戦争に日本が巻き込まれることは確実な状況だったことは明らかである。

日常的に障害者や高齢者、子どもや女性、低所得者といった人々を支援する立場のソーシャルワーカーとして、これらの法案にどのように向き合うのか、日本社会福祉士会の動きを注視していたが、七月一七日、「安全保障関連法案衆議院採決に関する会長声明」[21]が発出された。声明が発出されたという自体は評価できるが、内容は単に慎重審議を求めるもので、明確な立場性を読み取ることはできず、筆者には非常に不満が残るものであった。

　ここで重要なことは、戦争が、人権や福祉の向上を願う社会福祉の理念とは最も対極のものであるということである。平和の下に生きる権利＝平和的生存権をソーシャルワーカーとしてどのようにとらえているのかという価値と倫理に立脚した毅然とした態度表明であるべきだった。

　もちろん、職能団体の構成員の中にも安全保障に対する多様な意見はあって然るべきだが、明確に立ち位置を示すことによって、ソーシャルワーカーという職種がその事象をどのようにとらえているのかということを示すことができる機会でもあり、組織内の議論の展開や活性化を追求することが必要だった。その意味でも、筆者としては、生活保護法の「改悪」時と同じく、現代におけるソーシャルワークのあり方に再び違和感が残るものとなった。

　ソーシャルワークは平和や戦争の問題にどう向き合うのか、そうした想いを強くしている中、二〇二二年二月下旬には、ロシアがウクライナ侵攻を開始し世界的に緊迫した状況となり、三月一日には日本ソーシャルワーカー協会倫理委員会が「戦争に対する私たちの考えとあり方について」という声明を発出した。本声明では、ソーシャルワークの専門職として「戦争の発動やその可能性について常に関心を向け、『ソーシャルワーカーの倫理綱領』に基づき、反対の意志を明確に表示するとともに、社会的結束を図り、その防止・廃止のための必要な行動をとることを確認する」[22]と述べており、立場性が明確にされていることは評価できるのではないだろうか。続いて三月五日には、安全保障関連法の時にははっきりとした立ち位置を示すことがなかった日本社会福祉士会も、加盟する日本ソーシャルワーカー連盟（構成団体：公益社団法人日本社会福祉士会、公益社団法人日本精神保健福祉士協会、公益社団法人日本医療ソーシャルワーカー協会、特定非営ソーシャルワーカー利活動法人日本協会）が、三月二日に国際ソーシャルワーカー連盟（IFSW）のロシアの軍事侵攻を直ちに停止するように求めた声明を支持する形で声明を発出した[23]。

これらは、ソーシャルワーカー団体が足並みをそろえ、戦争に「NO」を突き付けた新たな動きともいえるが、岸田政権の防衛費倍増を打ちだした政策への見解や、武器輸出強化につながる個別的な政策についての批判や見解、あるいは抗議等は出されていない。それは、これまで曖昧にしてきたソーシャルワークの「政治的」な立場を明確にしなければならないということへのためらいであるのかもしれない。しかし、前述の声明はソーシャルワークの価値と倫理に立脚した立場表明という点では一歩前進であるようにも見え、今後の展開を注視していきたい。

2 「ケアマネジメント」化する「ソーシャルワーク」

（1）ソーシャルワーカーの国家資格「社会福祉士」の創設経緯

ここまで、いくつかの例を見ながら日本におけるソーシャルワークの展開が「職域拡大」などを中心とした政治的駆け引きを包含しつつ展開されてきたことにより、特に政権与党に対し遠慮しているような、あるいは忖度しているともいえる態度が見え隠れしていたことを述べてきた。

日本では、ソーシャルワークは社会福祉学の領域に分類されるが、社会福祉学部や学科を擁する大学は、ほぼソーシャルワーカーの養成校＝社会福祉士の養成校となっている。人権侵害などに関わる重要局面において「政治に対して声を上げないソーシャルワーカー」が少なくない要因を探ってみると、ソーシャルワーカーの国家資格と位置付けられている社会福祉士の養成教育の状況・創設の経緯なども少なからず影響していると考えられる。

一九七〇年代に二度のオイルショックを経て、時代は高度経済成長期から安定成長期へと移行する。一方、高齢化が進み、その後の社会保障財源をどうして行くのかということで民間活力の活用などが提唱され始めたのがこの時代である[24]。京極高宣は、「シルバーサービスなど民間の福祉産業が非常に活発化してきたことを（あくまでも原因というのではなく一契機）として、積極的な法的規制、行政指導を行えるようにするために、あらためて福祉従事者の専門資格を開発することとなった」[25]と述べている。つまり、社会変革を志向するようなソーシャルワーカーとしての資質を兼ね備えた人材の確保というよりも、将来の福祉市場化を視野に入れた動きであったということがうかがえる。そもそも、「一九五〇年勧告」[26]に示された当初理念では、社会福祉の領域は生存権保障という意味で公的責任によるサービス提供の必要性について言及されていた。しかし、一九七〇年代半ばの財政状況の悪化にともない、社会福祉領域も市場経済に委ねていこうという流れがつくられ、その準備として資格制度を整備することになったということは、社会福祉サービスへの民間事業者の参入の際に、サービスの「質」をいかに保つかというところに大きな関心があったといえる。そうした歴史的背景からは、社会福祉サービスがなぜ「公的責任」によって提供されてきたのかということに疑問を持ったり、批判的にとらえて社会変革を志向する活動は求められておらず、当初から、どのようにサービスを効率的につないだり運用したりしていくのかというマネジメント的性格を強く持った資格を想定していたといえる。

一九八七年に「社会福祉士及び介護福祉士法」の制定によって日本において初めてのソーシャルワーカー

の国家資格である社会福祉士が誕生した。

(2) 介護保険導入とソーシャルワークの「ケアマネジメント」化

すでに述べてきたように、こうした資格誕生とその後の経緯は、民間企業の参入を至上命題とする福祉市場化への道筋を付けるものだった。そのことを考えれば、生活問題と社会背景を結びつけ社会問題として構造への働きかけを志向するいわゆるソーシャルワークとしての本来の機能よりも、各種機関や事業所がいかにうまくサービスを「つなぐ」、あるいは、いかに効率的に「回す」ことができるかという、限定された意味での「ケアマネジメント」もしくは「ケースマネジメント」に力点が置かれていたことは、ある意味では当然の流れだった。

一九九〇年代に入るといよいよ介護保険導入の議論が活発化し、本格的な高齢社会への対応としてソーシャルワーカーを含む福祉人材の確保に向けて福祉系専門学校や福祉系大学や学部の認可、設立が相次いだ。そうした社会的背景から一時は福祉系とつければ学生が集まる勢いを示していた。二〇〇五年の障害者自立支援法の導入によって社会福祉基礎構造改革が一段落し、一部を除き福祉市場化を完了し、社会福祉人材の「質」が問われるようになったといえるだろう。一方で、その「質」とは、たとえば介護保険制度でいえば「要介護度」という与えられた枠内でいかに効率的にサービスを組み合わせることができ、社会資源とつなげられるかという個別支援計画(ケアプラン)の作成能力や(サービス)コーディネートの力量の有無である。

こうした一連の社会福祉基礎構造改革の最大の特徴は、それまでの「行政処分」としての「措置制度」から「契約制度」への移行であり、それを支えるものが「市場原理」となったことである。元々、公的責任

（社会福祉法人）によって提供されていた社会福祉サービスの規制緩和がなされ供給主体が多様化し、利益追求も可能な会社組織でも運営ができるようになった。サービスの供給が市場原理に委ねられたことで、事業者間に「競争」が生じてくるが、そのときに「安かろう、悪かろう」では、利用者の不利益になってしまうということから、一定の知識と技術水準を持つ「専門職」の確保が急務となっていた。これが資格制度の「意義」でもあった。

こうして、介護保険導入後の「ソーシャルワーク」は、その後、社会福祉士も介護保険制度の中核を担う職種となる介護支援専門員（ケアマネージャー）の基礎資格となったこともあり、「ケアマネジメント」と同義語であるかのように扱われるようにもなってきた。「ケアマネジメント」の普及は、確かに、個別支援計画の作成やサービスのコーディネート等を中心とした能力について、技術と知識の向上に影響を与えてきたかもしれない。しかし、実際には、介護保険制度という枠内での仕事が最優先されてきたがゆえに、政策に対する批判的思考力、社会構造を理解する力、あるいはそれらを踏まえ、現状の社会資源でまかないきれない場合に自らサービスを作り出したり、制度改革や社会変革への道筋を考える創造的なソーシャルワークを展開する力の向上については必ずしも両立してきていたとはいえないであろう。「ケアマネジメント」はソーシャルワークを構成する一つの領域ではあるが、ソーシャルワークが「ケアマネジメント化」してしまうのは本末転倒である。

そして、資格制定から二〇年を経た二〇〇七年、それまで大きな改正がなかった「社会福祉士及び介護福祉士法」が制定以来、初めての大幅改正がなされることとなり、社会福祉士の養成システムも大きく変化することになった。この改正の一番大きなポイントは、厚生労働省の監督強化である。従来は、専門学校はともかく、大学教育においては、基本的には監督官庁の文部科学省の基準を満たしていれば良く、社会福祉士養成教育にも大学の裁量がかなり認められていた。しかし、この改正により、厚生労働省が資格教育において教育に含むべき事項等を示し[27]、大学にも資格付与の条件として示されているカリキュラムのより厳密な運用を求めてくるようになった。

こうして、社会福祉士は厚生労働省の進める社会福祉諸政策の枠組みの中で「活躍」することを期待され、その資質と業務内容を管理されるようになったといえるだろう。それは、権力（あるいは制度の枠）から自由でない「ソーシャルワーク」の始まりであったのではないだろうか。

3 不正義とたたかうソーシャルワーク

ここまで、貧困や差別が蔓延し、そして平和が脅かされている現代日本社会の姿や国家資格という名のもとにその仕事の内容まで管理されようとしているソーシャルワーク専門職としての社会福祉士の現状について見てきた。その実状が深刻な状況であることはいうまでもない。

それでも筆者は、ソーシャルワーカーである社会福祉士の養成に携わっている立場から、何がソーシャルワーカーにできるのか、ということを追求していかなければならないと考えている。

社会福祉士の倫理綱領には、「社会福祉士は、差別、貧困、抑圧、排除、無関心、暴力、環境破壊などの無い、自由、平等、共生に基づく社会正義の実現をめざす」[28]と明記されている。差別や貧困、抑圧や排除、無関心、暴力、環境破壊などのない社会が、社会正義が実現された社会であるとするならば、現代日本社会は、それとは程遠い不正義に満ち溢れた社会といえるだろう。もし、そうであるならば、ソーシャルワーカーはこれらの不正義とたたかっていくことが使命でもあり役割でもあるということができる。

なぜ、不正義とたたかわなければいけないのか。ソーシャルワーカーが向き合っている日々の諸課題は、個人の問題として片付けてしまうだけでは解決できない複雑に絡み合った社会的構造の中から生じてきている。ソーシャルワークの仕事は、権力によって押し付けられる「自己責任」や「差別」や「暴力」によって踏みにじられた人々の尊厳を取り戻すプロセスに向き合うことから始まるからである。

しかし、それは確かに簡単なことではない。現在の自分の置かれている社会的ポジションに依拠するところも少なくないだろう。社会福祉士が専門職だといっても単年度の雇用契約で就労している人も少なくない。任期付きの契約が多い社会福祉士養成校の若手教員も同様の状況にある。明日の自分の仕事のことを考えながら、自分よりさらに弱い立場に置かれている（と思われる）人々の権利侵害や生きづらさに対して立ち向かっていけるゆとりなど生まれるはずはないのだ。だからこそ、それらが（社会的）構造の問題であり、ひいては、どんな社会をつくっていくのかということを規定する政治の問題に直結していることが認識される必要がある。

一方で、本章でも取り上げたソーシャルワーカーの職能団体である日本社会福祉士会は、近年、積極的な政治的アプローチを試みてきている。当団体が実質的に「職域拡大と地位向上」を至上命題としてきた経緯が、時として、権利侵害をされてきた人々や社会的に弱い立場に置かれている人々の声を政治の場に届けていこうという方向性ではなく、政治権力にあからさまに近づくことで目的を達成していこうという姿勢につながっている。

具体的には、政権与党（自由民主党）の橋本岳議員の政治資金パーティーに出席したり、都道府県の各社会福祉士会に選挙時の推薦を要請したことで、権力側におもねるようないびつな政治的距離感を醸し出している。医療や介護、年金、生活保護という社会保障の根幹を占めるあらゆる分野において、自己負担増と給付の削減を実行する諸政策を遂行してきたのは、ほかならぬ現政権であったのではないか。本来であれば、ソーシャルワークの価値を踏まえるならば許容できない政策ばかりではなかったか。日本社会福祉士会は、任意による加盟とはいえ公益社団法人格も持っており、そうした職能団体の行動は、その職種に対する評価とも直結すると自覚すべきであった[29]。

目的達成のプロセスにおいて政権与党に対するロビー活動や水面下における交渉が必要な場合があることは否定しないが、二〇一二年から長期に渡り政権を担い、貧困や格差、差別を拡大させてきた政権与党に近づいていることをSNSで嬉々として発信したりする感覚[30]やそうした態度が、日本のソーシャルワークが不正義とはたたかえないことを広く市民に印象付け、ソーシャルワークそのものに対する信頼を失墜させてはいないだろうか。

職能団体の行動や態度に象徴されるような日本のソーシャルワークに対する違和感、あるいは危機感ともいうべき想いが、本書執筆の大きなきっかけの一つであった。

次章以降では、日本のソーシャルワークは、どこへ向かっていくべきなのか、理論・実践・養成教育・当事者運動といった視点からそのヒントを探っていきたい。

■注

1 たとえば、片山さつき氏の著書『正直者にやる気をなくさせる⁉　福祉依存のインモラル』では、「かつて日本人には、勤勉の精神や、倫理や道徳を大切にするなど、日本らしい伝統がありました。また、「恥の文化」や、親や祖父母を大切にするなど、美徳とされた価値観がありました。生活保護という制度は、日本人が持っていたはずの価値観を前提に作られたもの」と述べている。第二次安倍政権の発足とほぼ同時期の発行であり、その後、戦後最大となる生活保護基準の引き下げが行われている。
　片山さつき 2012『正直者にやる気をなくさせる⁉　福祉依存のインモラル（オークラNEXT新書）』オークラ出版 Kindle 版：1252-1254

2 福島智 2016「相模原障害者殺傷事件に潜む『選別』と『排除』の論理」藤井克徳・池上洋道・石川満・井上英夫編『生きたかった――相模原障害者殺傷事件が問いかけるもの』大月書店：41

3 藤井克徳 2016「日本社会のあり方を問い、犠牲者に報いるために」藤井克徳・池上洋道・石川満・井上英夫編『生きたかった――相模原障害者殺傷事件が問いかけるもの』大月書店：20

4 杉田水脈 2018「『ＬＧＢＴ』支援の度が過ぎる」『新潮45』2018（8）：58-59

5 「労働力調査（基本集計）二〇二三年（令和五年）四月分」総務省統計局　https://www.stat.go.jp/data/roudou/sokuhou/tsuki/（二〇二三年六月一五日閲覧）

概況 6 「二二年の出生率一・二六で過去最低　出生数七年で二割減」日本経済新聞、二〇二三年六月二日付　https://www.nikkei.com/article/DGXZQOUA317430R30C23A5000000/（二〇二三年六月二八日最終閲覧）

7 「生活保護の被保護者調査（令和五年三月分概数）の結果を公表します」厚生労働省、令和五年六月七日付　https://www.mhlw.go.jp/toukei/saikin/hw/hihogosya/m2023/dl/03-01.pdf（二〇二三年六月二八日最終閲覧）

8 「二〇一九年　国民生活基礎調査の」厚生労働省　https://www.mhlw.go.jp/toukei/saikin/hw/k-tyosa/k-tyosa19/dl/03.pdf（二〇二三年六月二八日最終閲覧）

9 「自殺の動機「奨学金の返済苦」、二二年は一〇人　氷山の一角との声も」朝日新聞 DIGITAL、二〇二三年六月一八日付　https://www.asahi.com/articles/ASR6K73JTR6FUTIL00W.html（二〇二三年六月二八日最終閲覧）

10 赤木智弘 2007『若者を見殺しにする国――私を戦争に向かわせるものは何か』双風舎：205

11 前掲

12 安田浩一 2015『ヘイトスピーチ――「愛国者」たちの憎悪と暴力』文藝春秋：188

13 たとえば二〇一九年一〇月一二日、関東地方を台風一九号が通過した際に、東京都台東区は自主避難所を訪れた路上生活者の受け入れを拒否した。ホームレスの排除ではないかと支援団体等からは抗議が殺到した。 https://www.jiji.com/jc/v4?id=201911homeless0001（二〇二三年六月三〇日最終閲覧）

また、二〇二〇年四月には川崎市の多文化交流施設「川崎市ふれあい館」に、在日コリアンに対して「在日韓国朝鮮人をこの世から抹殺しよう」と書かれた脅迫状が届き、深刻な差別事象として社会問題になった。https://www.tokyo-np.co.jp/article/63884（二〇二三年六月三〇日最終閲覧）

一方で、こうした問題に対して筆者の知る限り、ソーシャルワーク職能団体や関連学術　団体等から抗議声明や見解等の社会的発信は行われていない。こうした重大な差別や排除という人権侵害行為に対して、一連の「沈黙」ともいえる状況は、日本におけるソーシャルワークの現状を示唆しているともいえる。

14 「生活保護の適正実施の推進について」（昭和五六年一一月一七日 社保第一二三号 厚生省社会局保護課長・監査指導課長通知）https://www.ipss.go.jp/publication/j/shiryou/no.13/data/shiryou/syakaifukushi/971.pdf（二〇二三年六月二八日最終閲覧）

15 「小野市福祉給付制度適正化条例」では、「市民及び地域社会の構成員は、受給者に係る偽りその他不正な手段による受給に関する疑い又は給付された金銭をパチンコ、競輪、競馬その他の遊技、遊興、賭博等に費消してしまい、その後の生活の維持、安定向上を図ることに支障が生じる状況を常習的に引き起こしていると認めるときは、速やかに市にその情報を提供するものとする」と規定している。　https://www.city.ono.hyogo.jp/material/files/group/17/17895.pdf（二〇二三年六月二八日最終閲覧）

16 たとえば、国会議員の片山さつき氏の前掲書の中で、「・タバコにビール、パチンコ……保護金で豪遊する大阪の受給者たち」といった見出しを付け、大阪における被生活保護受給者の実態の全体を示すかのような印象操作を行っている。

17 たとえば、第二四条を新たに新設し「保護の開始を申請する者は、厚生労働省令で定めるところにより、次に掲げる事項を記載した申請書を保護の実施機関に提出しなければならない」といった文言の追加が行われた。申請については口頭でも成立し、現在でもそうであるが、新たに文言が追加されたことで口頭による申請のハードルが高まったと考えられる。「改正生活保護法について」厚生労働省社会・援護局保護課、 https://www.mhlw.go.jp/file/06-Seisakujouhou-12000000-Shakaiengokyoku- shakai/0000046422.

pdf（二〇二三年六月二八日最終閲覧）

18 「生活保護の利用を妨げる「生活保護法の一部を改正する法律案」の廃案を求める緊急会長声明」二〇一三年五月一七日付。日本弁護士連合会では一〇月にも「改めて生活保護法改正案の廃案を求める会長声明」を発出している。https://www.nichibenren.or.jp/document/statement/year/2013/130517.html（二〇二三年六月二八日最終閲覧）

19 「生活保護法改正法案の廃案を求める会長声明」日本司法書士連合会、二〇一三年五月二九日付 https://www.shiho-shoshi.or.jp/association/info_disclosure/statement/732/（二〇二三年六月二八日最終閲覧）

20 「生活保護法の改悪に反対する研究者の共同声明」FacebookなどのＳＮＳを通じて呼びかけられ、二〇一三年一一月四日現在で賛同者一一一七名となっている。賛同研究者の専門分野は、幅広い。https://www.facebook.com/kyoudouseimei/posts/pfbid031exgtr7ad6vce WabGQftJh998mi3Gt5FZtzNo3L9LTmcDMC2TsskQbK9yMkybxCSl?locale=ja_JP（二〇二三年六月二八日最終閲覧）

21 公益財団法人日本社会福祉士会定款 https://www.jacsw.or.jp/introduction/kokaijoho/documents/teikan.pdf（二〇二三年六月二八日最終閲覧）

21 「安全保障関連法案衆議院採決に関する会長声明」日本社会福祉士会、二〇一五年七月一七日付 https://www.jacsw.or.jp/citizens/seisakuteigen/documents/0150717.pdf（二〇二三年六月二八日最終閲覧）

22 「戦争に対する私たちの考えとあり方について」日本ソーシャルワーカー協会倫理委員会、二〇二二年三月一日付 http://www.jasw.jp/news/pdf/2022/2022_w-th-01.pdf（二〇二三年六月二八日最終閲覧）

23 「ウクライナにおける軍事侵略にかかる声明について」日本ソーシャルワーカー連盟、二〇二二年三月二日付 https://jfsw.org/2022/03/02/2440/（二〇二三年六月二八日最終閲覧）

24 「12 社会福祉」国立社会保障・人口問題研究所 https://www.ipss.go.jp/publication/j/shiryou/no.13/data/kaidai/12.html（二〇二三年六月二八日最終閲覧）

25 京極高宣 1992『新版 日本の福祉士制度——日本ソーシャルワーク史序説』中央法規出版：26

26 社会保障審議会 1950「社会保障制度に関する勧告」https://www.ipss.go.jp/publication/j/shiryou/no.13/data/shiryou/syakaifukushi/1.pdf（二〇二三年六月二八日最終閲覧）

27 「社会福祉士養成施設及び介護福祉士養成施設の設置及び運営に係る指針について」厚生労働省社会・援護局長通知、平成二〇年三月二八日　https://www.mhlw.go.jp/content/000606413.pdf（二〇二三年六月二八日最終閲覧）

28 「社会福祉士の倫理綱領」日本社会福祉士会、二〇二〇年六月三〇日採択　https://www.jacsw.or.jp/citizens/rinrikoryo/documents/rinrikoryo_kodokihan21.3.20.pdf（二〇二三年六月二八日最終閲覧）

29 「公益法人が政治活動アリ?!」東京新聞、二〇二一年一〇月三〇日付

日本社会福祉士会は、都道府県会長会議で衆議院選挙の候補者となった政権与党所属の橋本岳議員（自由民主党）への推薦を呼びかけたが、職能団体には、多様な思想信条を持つ者（どちらかというと政権与党に批判的な相当数の者も含む）が入会しており、特定政党の候補者を推薦することは妥当ではない。また、非課税優遇などがある公益社団法人としての政治活動は、違法ではないが好ましいともいえず、筆者が呼びかけ人となり構成員である各都道府県社会福祉士会の会員を含む社会福関係者有志一四二名の連名で抗議署名を提出、身内から批判を浴びる結果となった。もし、今後、特定の候補者の推薦等、具体的な政治活動を行うならば看護師（日本看護連盟）や理学療法士（日本理学療法士連盟）などの職能団体同様に任意の政治団体の創設を別途検討すべきである。

30 日本社会福祉士会の公式Twitterにて集会に参加し平身低頭に頭を下げる会長と政治　資金作りパーティーの横断幕を背景に挨拶をしている橋本岳議員の写真が添付されたツイートがなされている。公益社団法人日本社会福祉士会公式Twitter　https://twitter.com/CSWofJAPAN/status/1200364802062737409（二〇二三年六月二八日　最終閲覧）

■参考文献

身近な社会問題の見方・考え方研究会編 2022『身近な社会問題の見方・考え方——政策・福祉・経済・まちづくりの視点から』三恵社

片山さつき 2012『正直者にやる気をなくさせる!?　福祉依存のインモラル（オークラNEXT新書）』オークラ出版 Kindle版

保坂展人 2016『相模原事件とヘイトクライム』岩波書店

藤井克徳・池上洋道・石川満・井上英夫編 2016『生きたかった——相模原障害者殺傷事件が問いかけるもの』大月書店

杉田水脈 2018「『LGBT』支援の度が過ぎる」『新潮45』2018（8）

赤木智弘 2007『若者を見殺しにする国——私を戦争に向かわせるものは何か』双風舎

安田浩一 2015『ヘイトスピーチ――「愛国者」たちの憎悪と暴力』文藝春秋
生活保護問題対策全国会議編 2012『間違いだらけの生活保護バッシング』明石書店
京極高宣 1992『新版 日本の福祉士制度――日本ソーシャルワーク史序説』中央法規出版

第2章

広がる格差、「子どもの貧困」対策とソーシャルワーク

西﨑 緑

1 「子どもの貧困」言説が覆い隠す日本社会の真の姿[1]

ソーシャルワーカー（あるいは社会福祉士）は、相談援助を行う専門職である。この章では、相談援助をどのように捉え実践していくのか、改めて検討してみたい。相談援助とは何かと問われれば、生活困難を抱えた人から相談を受け、その生活困難から脱却する、あるいは生活困難を軽減するための支援をする、と説明することが一般的であろう。無論、それは間違いではない。ソーシャルワーカーは、専門職倫理に基づき、目の前にいる「困っている人」を孤立させず、彼らの生活課題をともに考え、自らが持つ専門知識や保有している情報を提供して、ともに解決方法を探っていく。

ただし、そこで忘れてはならないのは、ソーシャルワークが単なる生活支援のためのコーディネーターや便利屋の役割で満足していてはならない、ということである。ソーシャルワーカーは、社会サービスや社会資源と人を結びつけるという仕事をしながらも、この人、この家族が、いったいなぜこのような生活困難に

陥ってしまったのか、その背景を冷静に考える必要がある。それは、彼らが抱えている生活困難は、個人の力ではどうしようもない社会構造によって生み出された面があるからである。私たちが生きているこの社会そのものが、差別、貧困、抑圧、排除、暴力、環境破壊を生み出しているなら、その改善がなされない限り、相談援助を求める人々がなくなることはない。それゆえ、ソーシャルワーカーには、社会変革を目指して社会に働きかけることも求められる[2]。

しかし、ソーシャルワーカーが社会変革を試みて行動を起こしても、社会は、貧困者に冷淡である。世の中には、モノがあふれており、それらを購入できることが「ふつうの生活」であると一般の人は思っている。そして「働けば生活できるはず」だという神話が根強く人々の心にはびこっている。ソーシャルワーカーは、まず、それらの前提や思い込みを疑ってみた上で、社会に対する洞察を始めなければならないだろう[3]。そのためには、社会の状態を表すデータと照合しながら、問題のありかを探ってみるという作業をしなければならない。その一例として、この十数年来話題になっている「子どもの貧困」を以下に取り上げて、その言説が孕む問題を考えてみる。

（1）「子どもの貧困」という言説による問題提起の背景

日本で「子どもの貧困」という言葉が一般的に知られるようになったのは、阿部彩（2008）の『子どもの貧困――日本の不公平を考える』がきっかけであった。同時に、公的資料として、二〇〇八年一〇月にOECD[4]から子どもの相対的貧困率が公表され、日本の子どもの貧困率は、一五・七％、OECD加盟国三四ヶ国中一〇番目に高い貧困率であったことが一般に明らかになった。こうしたことから、この時期以後、日本にも「子どもの貧困」が存在することが一般に認識されるようになった。

貧困か、そうでないかを区別する線引き（貧困ライン）として、ＯＥＣＤは、国民の標準所得（ここでは「中央値」）の半分を下回る所得の人を「貧困」状態であるとみなしている。この所得の「中央値」とは、国民を等価可処分所得（世帯の可処分所得を世帯人員の平方根で割って調整した所得）順に並べた時に真ん中に位置する人の所得をいう。そこでＯＥＣＤの貧困率の算出方法に従えば、わが国における所得の中央値の半分である貧困ラインは一二七万円ということになる[5]。そして一八歳未満の子どものうち、これより所得が少ない世帯に属する子どもを割合として算出したものが、「子どもの相対的貧困率」である。

実際どれほどの子どもが、相対的貧困に位置づけられているのであろうか。日本では、貧困ラインより低い水準の所得しかない家庭に一三・五％（ＯＥＣＤ新基準では一四・〇％）の子どもが所属している[6]。しかしこれはあくまでも全世帯を見た上での割合である。これを単親世帯に限ってみると、さらに貧困世帯の割合が大きくなる。令和元年国民生活基礎調査（2019）によれば、子どもがいる現役世帯（世帯主が一八歳以上六五歳未満で一七歳以下の子がいる世帯）の二〇一八年の平均所得が七〇七万六〇〇〇円であった。母子世帯のみを取り出してみると、平均所得は二七〇万一〇〇〇円で、単親世帯の中でも特に母子世帯の所得が相対的に低い。

なぜ母子世帯に貧困が多いのか。他の先進国では、母子世帯の貧困は、親が就労していないことが理由であるのに対し、日本では、ワーキングプア、すなわち親が就労していても貧困であることが多い。事実、令和三年度全国ひとり親等世帯等調査（2021）によれば、母子世帯の親も八六・三％が就労していた。ただし、母子世帯の親の三八・八％はパートやアルバイトという雇用が不安定で低所得の仕事に就いており、父子世帯と比較すると所得がかなり低い[7]。子どもの貧困は、世帯をささえる親（特に母親）が不安定で低所得の仕事に就いていることによってもたらされている。つまり、ジェンダー、学歴、健康状態による格差、社会資源の未整備などによって、母子家庭の親は、労働者として極めて不利な状況に置かれており、そのために不安定・低所得就労を余儀なくされているのである。

ここに至って、二〇〇八年以後、「子どもの貧困」として人々が認識してきた問題は、実は社会構造上生み出された「母親の貧困」の問題であると我々は気づく。それを「母親の貧困」とせず、「子どもの貧困」として問題にする理由は何か。「子どもの貧困」という表現を広めることは、親の貧困を生み出す根本的原因を隠ぺいし、「親の貧困」に社会が向き合うことを回避しているのではないだろうか。「働けば食べられる」と信じているからこそ、人は真面目に働こうとし、社会の秩序も保たれる。しかし「働いても食べられない」という状況にある人が一定数存在する、という事実が露呈すれば、雇用主や行政の責任が問われるだろう。当然、その対策として、労働者の賃金や雇用のあり方を根本的に見直さざるを得なくなる。ところが、「子どもの貧困」と名付けておけば、雇用主や行政に雇用の不安定化をもたらした責任を問われない。そして社会構造上の大きな変革にも取り組む必要がなくなる。

こうして、「不運にも貧困家庭で生活せざるを得ない子ども」に焦点をあて、彼らの悲劇を何とか解決する、という理屈を提示しておけば、子どもを対象とした制度（修学援助や給食費免除）の拡充と、ボランティアの活用（学習支援や子ども食堂を通しての「食の確保」）などに対策を留めることができるのである。それゆえ「子どもの貧困」という言説は、「親の貧困」や「若年層の貧困」に人々の注目が集まらないように、日本社会で起きている問題を矮小化する政治経済的意図を持って巧妙に作成・拡散されたと考えられるのである[8]。

このようなやり方は、「ヤングケアラー」と名付けられた親の介護を行う「子どもの問題」としても応用されている。二〇一四年に日本ケアラー連盟によるヤングケアラープロジェクトが始まったことを契機として、「ヤングケアラー」の実態調査が各地で行われるようになった。澁谷智子（2018）『ヤングケアラー――介護を担う若者の現実』では、障害や病気を持つ家族の介護を日常的に担っている子どもを、イギリスに倣って「ヤングケアラー」と位置づけ、ヤングケアラーの実態や彼らへの支援の現状を明らかにして話題となった。その後NHKを始めとするマスコミによって問題提起が続き、二〇二〇年には、埼玉県が全国発のヤングケアラー支援条例を制定し、翌二〇二一年には、厚生労働省と文部科学省が連携し、「ヤングケアラーの支援に向けた福祉・介護・医療・教育の連携プロジェクトチーム」を立ち上げ、調査研究と支援のための予算確保に動き出した。しかし、亀山（2021）が指摘するように、多くの論考や対策は、ヤングケアラーが生活する家庭の「貧困の視点」が欠如しているのである[9]。

（2）学力と虐待への対応としての位置づけ

次に貧困児童・貧困家庭への対策を見ていく。貧困の世代間連鎖を断ち切るための支援と児童虐待防止のために必要な対策であると位置付けられた。子どもの貧困対策は、貧困家庭が実は政府や企業が生み出した要因によって周縁化されたにも拘わらず、その回収責任を貧困家庭の親や子に負わせる働きをする。

そこではまず「子どもの貧困」の特徴として、世代間連鎖による貧困層の固定化が起きていること、また貧困児童の学力・自己肯定感欠如が子どもの時期だけの問題ではないことが指摘され、行政も国民も協力して問題に取り組むことの重要性が強調される[10]。例えば、経済同友会子どもの貧困・機会格差問題部会が二〇一六年三月三〇日に発表した提言では、「子どもへの投資は、将来への効果が高い社会保障である」、

「教育こそが貧困の連鎖を断ち切る鍵である」とされ、社会保障費用の軽減と良質な労働力確保という、経済成長との関係で世代間連鎖を断ち切る必要性が語られている[11]。大阪府箕面市教育大綱（2018）では、貧困連鎖の根絶を重点課題とし、「貧困家庭で育つ子ども達が自らのハンディを打ち破り、社会へ巣立っていくために、教育委員会や学校等が各種機関と連携し、乳幼児期から小中学校、高校卒業の時期に至るまで、切れ目なくそれぞれの子どもの状況を把握し、常に高いレベルで自信と能力、気概をもてるよう、サポートし続ける」、と貧困家庭の子どもたちに生活向上のための努力を強いた上で、「子どもたちの状況変化を的確につかむモニタリングを実施」して行政による彼らの監視の強化を明言している[12]。貧困児童の学力を中心とした実態の解明は、全国各地で行われ、貧困児童の学力向上のための国の施策（文部科学省の事業）の一つとして、スクールソーシャルワーカーの増員等が提起された[13]。

これに加え、児童福祉の観点から、「子どもの貧困」は、児童虐待発生の主要なリスク要因となっているという問題提起もなされた[14]。虐待のうち育児放棄や医療ネグレクトは可視化されにくいと言われているが、貧困が原因での児童虐待は、まずネグレクトという形で表出しやすいという特徴を持つ。例えば、虫歯の放置、所要栄養量の不足、長時間子どものみで過ごさせるなどである。このネグレクトに対しての対応として、学校や医療機関には、発見のための最前線（プラットフォーム）となることが期待されている。地域では、二〇〇四年の児童福祉法改正により各市町村に設置された要保護児童対策地域協議会（子どもを守る地域ネットワーク）が、地域内の学校や専門機関、民生委員・児童委員を繋ぐネットワークを形成して対応・支援を展開するようになった[15]。二〇二四年の児童福祉法改正では、「訪問による家事支援」「児童の居場所づくりの支援」「親子関係の形成の支援」などの家庭支援事業が創設され、親が責任を果たすために公的サポートを提供するという図式が示されている。

2 「子どもの貧困」対策としての総合的施策

(1) 国の政策

「子どもの貧困」に対する各種施策は、内閣府の指揮の下、文部科学省と厚生労働省を中心に立案・実施されてきた。しかし、二〇二三年四月から発足したこども家庭庁が「司令塔」となっても、憲法第二五条の生存権保障の実質化、つまりベーシックインカムのようなユニバーサルな生活保障を国民全体に行き渡らせる方向で施策が整備されたわけではない[16]。子育て世帯の貧困の存在を容認した上で、貧困に苦しむ子どもへの対症療法的対策が継続するのだと言える。

国の政策立案の基礎となる法律としては、二〇一三年に「子どもの貧困対策の推進に関する法律」(以下、「子どもの貧困対策推進法」と略する)が成立し、翌年一月に施行された[17]。同法第一条には、「子どもの将来がその生まれ育った環境によって左右されることのないよう、貧困の状況にある子どもが健やかに育成される環境を整備するとともに、教育の機会均等を図るため、子どもの貧困対策に関し、基本理念を定め、国等の責務を明らかにし、及び子どもの貧困対策の基本となる事項を定めることにより、子どもの貧困対策を総合的に推進することを目的とする」(傍線筆者)と述べられている。

それでは、子どもの貧困を解決するための「国等の責務」とは、どの範囲を指し、どのように果たそうというのだろうか。二〇一四年八月に閣議決定された「子供の貧困対策に関する大綱」によれば、「貧困の世代間連鎖の解消と積極的な人材育成を目指すこと、第一に子供に視点を置いて、切れ目のない施策の実施等に配慮する」ことを国の責務としている。すなわち、国は、子どもを第一義的責務の範囲と捉えており、子どもが貧困状態に陥る原因となっている親の貧困については、あくまでも二義的責務としてしか捉えていない。大綱は、この方針を含め、一〇の方針を掲げているが、親に対しては、「7　保護者の就労支援では、家庭で家族が接する時間を確保することや、保護者が働く姿を子供に示すことなどの教育的な意義にも配慮する」というように、親の努力を強いるものや、「8　経済的支援に関する施策は、世帯の生活を下支えするものとして位置付けて確保する」という抽象的な支援策が構想されたのみである[18]。二〇一九年一一月には五年ぶりに「子供の貧困対策に関する大綱」が改定された。内容に「支援が届かない、届きにくい子ども・家庭とつながる」ことが重要であると明記されたこと、支援対象として「外国籍や障害のある子どもなど、生活のしづらさを抱える子どもや家庭」が加わったこと、「経済的支援だけでなく、様々な支援を組み合わせる」ことの重要性に言及したという三点が大きな変更点である。

(2) 学校のプラットフォーム化と家庭教育支援

子どもの貧困を解決するために国が行う施策の具体的仕組みは、自治体の相談窓口のワンストップ化や、学校を「貧困の連鎖を断ち切るための」プラットフォームとすること、すなわち「子どもの貧困」対策の拠点・基盤を学校に置くことであった[19]。例えば、二〇一四年に重点施策として予算化された文科省所管の施策では、それまで不登校への取組みとして考えられてきたスクールソーシャルワーカーを増員し、二〇一九年までに一万人を配置することが目指されてきた[20]。ただし実際には、スクールソーシャルワーカーの訓練を受けた人材が少ないこと、スクールソーシャルワーカーの労働条件が悪いこと、スクールソーシャルワーカーを活用するための学校の体制整備が立ち遅れていることなどのために、スクールソーシャルワーカーの増員と活用はあまり進んでいない[21]。

また、学校の「プラットフォーム化」を担うのは、当然、教師ということになるが、教師の多忙化がそれを阻んでいる。文科省の政策を見ると、貧困児童に対する学力保障対策として、小中学校の教師には、少人数の習熟度別指導や放課後補習による、きめ細かな指導が課せられており、貧困児童が自己肯定感を持てるような支援も求められている。ところが現職教員の業務を見ると、（全国学力テスト対策として）クラス全体の学力向上への取り組みが求められているほか、クラブ活動などの課外活動の指導に追われている。その上に貧困家庭にかかわるきめ細かな指導を行うことが果たして現実的なのか、疑問がある。貧困を原因とするネグレクト家庭の保護者への対応や、ネグレクトを背景に二次的に生み出されたさまざまな児童の問題に対応しようとすれば、多くの時間とエネルギーが必要になる。しかしその時間的余裕を生み出すことは、教師の勤務実態から考えると至難のわざである[22]。

なお、文科省は、学校のプラットフォーム化だけではなく、学校をとりまく地域の支援体制構築も検討しており、地域内の専門家（子育て経験者や教員ＯＢ、ＰＴＡなど地域の子育てサポーターリーダーをはじめ、民生委員、児童委員、保健師や臨床心理士など）による家庭教育支援チームを立ち上げた。二〇一六年二月の時点で五三二チームが、全国で子育てや家庭教育に関する相談（訪問を含む）に乗ったり、親子で参加する様々な取組や講座などの学習機会、地域の情報などを提供したりしている[23]。二〇一八年には、活動のマニュアル『「家庭教育支援チーム」の手引書　家庭教育支援チームは身近な地域の子育て・家庭教育応援団！』

も刊行されているが、家庭教育は各家庭の主体的判断で行うべきという社会の意識が根強くある中で、チームの効果がどの程度あるのか、政策の効果測定は行われていない。

（3）要保護児童対策地域協議会

一方、厚労省では、二〇〇四年の児童福祉法改正以来、各市町村に要保護児童対策地域協議会を設置する努力義務を課しており、二〇一八年四月一日時点で、全国で一七三六市区町村（九九・七％）に要保護児童対策地域協議会が設置されている[24]。この協議会は、地域の専門家や関係者の情報交換と協働により、ネグレクトや虐待に対して対応・支援を展開してきたが、二〇一六年一〇月から児童相談所に弁護士が配置され、さらに二〇一七年四月からは、要保護児童対策調整機関（要保護児童対策地域協議会を設置している市町村）に専門職の配置が義務付けられたことによって、市町村を中心としたケース支援が強化されている。ネグレクトや虐待の背景には、必ずといってよいほど、貧困があり、増え続けるネグレクトや虐待ケースへの対応には、貧困が親の不安や生きづらさの原因であることを理解している専門家集団の集中的係わりが必要である。しかし、一方でこれらの専門的援助機関の支援には、ネグレクトや多問題を抱えている家庭がスティグマを感じて拒否的になりやすいという課題もあり[25]、対症療法の限界も明らかになっている。

（4）「親の貧困」への対応

そこで、子どもの貧困の本当の原因である「親の貧困」への対策は、政策的にどのように取り組まれているのだろうか。結論として言えることは、親の貧困への対策は全くない訳ではないが、子ども自身への対策と比較すると、かなり手薄である。例えば、子どもの貧困対策法第二条には、「子どもの貧困対策は、子ども等に対する教育の支援、生活の支援、就労の支援、経済的支援等の施策を、子どもの将来がその生まれ育った環境によって左右されることのない社会を実現することを旨として講ずる（略）」として、「ひとり親家庭・多子世帯等自立応援プロジェクト」として、就労支援や住宅支援も含めた支援を、相談窓口を一本化して行うこととしている[26]。ただし、その中身を見ると、就労支援では、仕事に有利な資格取得のため高等職業訓練促進給付金及び自立支援教育訓練給付金を活用すること、また、出張ハローワークやマザーズハローワークを充実させることに留まっている。つまり、ワーキングプアを生み出している企業の雇用条件を問題にすることなく、親の就業能力を高める方向に政策が展開されているのである。

二〇二〇年度の新型コロナウイルス感染症の拡大は、不安定雇用や生活基盤がぜい弱な家庭を炙り出した。特に飲食業等のサービス産業に従事する者が多い女性労働者が大きな影響を受け、感染症の流行以前から生活苦に喘ぐワーキングプアの母子家庭は、NPOの食料支援に頼らざるを得ない状況となった[27]。国の緊急対策としては、「低所得のひとり親世帯への臨時特別給付金」をはじめ、「緊急小口資金・総合支援資金」、「社会保険料等の猶予」、「住居確保給付金」、「雇用調整助成金」、「新型コロナウイルス感染症対応休業支援金」、「小学校休業等対応助成金・支援金」などひとり親家庭等が活用可能な支援策[28]、さらに感染防止に配慮したひとり親家庭相談支援体制強化[29]もとられた。しかし母子家庭の生活困窮リスクが高いことに対しての解決策は依然として見られない。

なお、貧困家庭の身近な自治体である、市町村が行う事業に対する国の支援としては、交付金が設けられている。例えば「地域子供の未来応援交付金」が、二〇二一年一月一三日現在三一八自治体に交付されている。

表1　ひとり親家庭・多子世帯等自立応援プロジェクト

生活支援	○家事援助・保育サービスの充実【厚労】 ○ひとり親家庭の生活・学習支援の実施（子供の居場所づくり等）【厚労】 ○ショートステイ・トワイライトステイの充実【厚労】 ○母子生活支援施設の活用【厚労】 ○児童家庭支援センターの活用【厚労】 ○養育費の確保支援 ・養育費の相談支援の強化（弁護士による養育費相談の実施、取決め促進に効果的な取組を地方自治体に情報提供）【厚労】 ・パンフレット・合意書ひな形の作成及び離婚届書との同時交付等【法務】 ・財産開示制度等に係る所要の民事執行法の改正（中長期的課題）【法務】 ○児童扶養手当に関する検討【厚労】→児童扶養手当支給にあわせてワンストップ相談 生活困窮者自立支援制度の相談窓口（平成 27 年度施行） ○母子父子寡婦福祉資金貸付金の見直し（利率のあり方等）【厚労】 ○生活福祉資金貸付制度の見直し（多子世帯等への教育支援資金等）【厚労】
学習支援	○ひとり親家庭の子供等の学習支援【厚労】 ・ひとり親家庭の生活・学習支援の実施 ・高等学校卒業程度認定試験の合格支援 ・生活困窮世帯等の子どもの学習支援（中退防止の取組強化、家庭訪問の強化による生活困窮世帯等の自立促進） ・生活保護受給世帯の子どもの学習塾等費用の収入認定除外 ○学習が遅れがちな子供やさらに学びを深めたい子供への学習支援（地域未来塾・高校生未来塾（仮称））【文科】 ○経済的な理由や家庭の事情により、家庭での学習が困難で、学習習慣が十分に身についていない中学生等に対して、大学生や元教員等地域住民の協力や ICT の活用等による、原則無料の学習支援（地域未来塾）を拡充するとともに、高校卒業や大学等への進学を後押しするため、平成 28 年度から新たに高校生へ対象を広げる。KPI　可能な限り早期に「地域未来塾」を 5000 中学校区で実施する。 ○ひとり親家庭の生活・学習支援の実施（親の学び直し支援）【厚労】 ・家計管理等の講習会等の開催、高等学校卒業程度認定試験を目指す親への学習支援 ○教育費負担軽減の更なる充実 ・フリースクール等で学ぶ子供への支援【文科】 ・高校生等奨学給付金事業の充実【文科】 ・大学等奨学金事業（無利子奨学金事業）の充実等【文科】 ○子供やその家庭が抱える問題への対応（学校をプラットフォームとした対策） ・スクールソーシャルワーカーの配置拡充【文科】 ・地域人材の活用や学校・福祉との連携によるアウトリーチ型家庭教育支援等 ・幼児教育の段階的無償化へ向けた取組の推進【文科】 ○教育環境等の整備 ・青少年の「自立する」力応援プロジェクト ○就職に有利な資格の取得支援【厚労】 ○寄り添い型支援の実施【厚労】 ○ひとり親が利用しやすい能力開発施策の推進【厚労】
就労支援	○就職に有利な資格の取得支援【厚労】 ○寄り添い型支援の実施【厚労】 ○ひとり親の就労支援（ハローワークのひとり親全力サポートキャンペーン）【厚労】 ・自治体とハローワークの連携による取組や、マザーズハローワークの取組を強化 ・ひとり親を雇い入れた企業への助成の充実について検討 ○ひとり親が利用しやすい能力開発施策の推進【厚労】
住宅支援	○公的賃貸住宅や民間賃貸住宅における子育て世帯の居住の安定の確保【国交】 ○ひとり親家庭向け賃貸住宅としての空き家の活用の促進【厚労・国交】 ○新たな生活場所を求めるひとり親家庭等に対する支援【厚労】 ○生活困窮者に対する住居確保給付金の支給【厚労】

（筆者作成。資料：内閣府「ひとり親家庭・多子世帯等応援プロジェクト」http://www8.cao.go.jp/kodomonohinkon/kaigi/k_4/pdf/s1.pdf）

交付要綱に定められた目的の事業としては、①実態調査・計画策定（補助率二分の一、実態調査と整備計画を合わせた上限三〇〇万円）、子供等支援事業（補助率二分の一、子供たちと支援を結び付ける事業と連携体制の整備をあわせた上限一五〇〇万円、研修の上限三〇〇万円）が予算化されている[30]。二〇二一年度の内閣府予算では、「コロナ禍の中で子供が社会的孤立等に陥らないよう、子ども食堂など子供たちと「支援」をむすびつけるつながりの場をＮＰＯ等へ委託して整備する地方自治体へ緊急支援を行う」として「つながりの場づくり緊急支援事業」が設けられた。これは、補助率四分の三、補助基準額は委託団体当たり一二五万円と定められた[31]。

3　「子供の未来応援国民運動」という上からの運動

子どもの貧困対策は、先に見たように「未来への投資」と位置付けられ、教育の支援、生活の支援、保護者に対する就労の支援、児童扶養手当増額などの経済的支援が展開されることとなった。これを具体的に推進するのは、省庁横断的性格をもたせる必要があることから内閣府が統括しているが、その方法としては行政の責任というよりは、「貧困の状況にある子供たちが抱える困難は実に様々であり、自覚がない、あるいは自覚があっても表に出さない子供たちも多く、行政の支援情報が届かない場合も多い、さらに子供の貧困対策を実効性あるものとして進めるためには、国、地方公共団体、民間の企業・団体の多様な関係者が連携して取り組むことが必要」という関係者総動員という体制が企図されている。そこで、二〇一五年四月から子供の未来応援国民運動が展開されることとなった[32]。貧困家庭の自立を、行政だけではなく、「社会全体で応援」することを目指す、この「国民運動」は、フォーラムや国民大会を開催するとともに、支援情報のポータルサイトを作成し、民間資金を核とした基金を創設した。

二〇一五年四月二日に子供の未来応援国民運動発起人集会[33]が開催され、趣意書が発表された。この趣旨・目的として、以下のことが記載されている。

> 明日の日本を支えていくのは今を生きる子供たちです。その子供たちが自分の可能性を信じて前向きに挑戦することにより、未来を切り拓いていけるようにすることです。
>
> いわゆる貧困の連鎖によって、子供たちの将来がとざされることは決してあってはなりません。子供たちと我が国の未来をより一層輝かしいものとするため、今こそ国民の力を結集してすべての子供たちが夢と希望を持って成長していける社会の実現を目指してまいりましょう。
>
> そのために、このたび、関係各位のご賛同の下に「子供の未来応援国民運動」を立ち上げ、推進していくことといたしました。
>
> 国民の皆様には、本国民運動の趣旨等にご理解をいただき、ご支援・ご協力を賜りますようお願いいたします。

運動は、同年一〇月一日から実施され、二〇一六年四月には「桜を見る会」や迎賓館の一般公開に合わせて広報活動を展開した。同四月二七日には、子どもの貧困に取り組んでいるNPOの活動紹介や国の施策紹介を行う「子供の未来応援国民大会」が東京で開催され、六月九日には大阪でも大会が開催された[34]。

二〇一六年一一月八日に一周年記念行事が実施されが、運動開始から一年の間に、第二子以降への児童扶養手当の加算額の倍増や奨学金事業の充実などの政策が開始された。二〇一七年初めには、内閣府主催の啓発事業として、全国各地で「子供の貧困対策マッチング・フォーラム」が開催され、子供の未来応援国民運動の更なる推進を図るために、「企業や団体、市民、自治体が、いま、できることを見つける場」を作る運動が進められた。

こうした国民運動を進める資金は、官公民の連携・協働プロジェクトとして開始された「子供の未来応援基金」である。同基金の解説によれば、子供の貧困の放置は、子供達の将来が閉ざされてしまうだけでなく、社会的損失につながるとの考えを前提に、子供の貧困対策を「慈善事業」にとどまらず、「将来への投資」と位置づけ、寄付金をはじめとして企業や個人等から提供されたリソースを基金として結集し、「未来応援ネットワーク」事業、子供の「生きる力」を育むモデル拠点事業等を実施することとなっている。

このような基金の設置によって民間活動の支援が可能になったと言えるが、このやり方は、以前従軍慰安婦問題に対して作られた「女性のためのアジア平和国民基金」を思い出させる。企業・団体、個人から寄付を集め、必要な事業を展開するという方式は、確かに「相互扶助」の組織化とも捉えることができるが、同時に、公的責任を曖昧にするものではないのかという疑問がわいてくる。

それでは「子供の未来応援基金」についてもう少し詳しくみていこう。二〇一六年度未来応援ネットワーク事業の申請ガイドによれば、「貧困の状況にある子供たちの抱える困難やニーズは様々であり、貧困の連鎖を解消するためには、制度等の枠を越えて、一人ひとりの困難に寄り添ったきめ細かな支援を弾力的に行うことが必要です。そのため、貧困の状況にある子供たちの実態を把握しやすい草の根で支援活動を行うNPO法人等の存在が重要ですが、そうしたNPO法人等の多くは、財政的に厳しい運営状態にあり、行政や民間企業等との連携や支援を求められているものと認識しています。こうした状況を踏まえ、草の根で支援活動を行うNPO法人等の運営基盤の強化や、掘り起こしを行い、社会全体で子供の貧困対策を進める環境を整備することを目的として、子供の未来応援基金により、NPO法人等への支援金の交付を行います（傍線筆者）」となっており、制度の枠外の活動の存在を認め、資金援助という形で支援を行うこととしている。

資金援助の対象となる団体は、公益法人（公益社団法人又は公益財団法人）、一般法人（一般社団法人又は一般財団法人）、NPO法人（特定非営利活動法人）、その他ボランティア団体、町内会など非営利かつ公益に資する活動を行う法人又は任意団体と定められており、初年度の二〇一六年度の未来応援ネットワーク事業採択団体は八六件であった[35]。二〇一六年一一月二七日時点での子供の未来応援基金への寄付状況を見ると、総額で七億一一〇一万四一一三円であり、基金から三億一五〇〇万円（一団体あたり平均三六七万円）が事業に支給された[36]。二〇二〇年度までの寄付金累計は、一五億二一〇万八四四九円で、事業への支給総額は九億三三〇〇万円であった[37]。ちなみに二〇二〇年度実施された第四回支援では、九七団体に一億二九〇〇万円、新型コロナ緊急支援として二〇団体に五三〇〇万円を支給している[38]。

このような運動を見ていて気づくのは、当事者の意見が十分に反映されない運動になっていることである。生活困難に陥っている家庭や子どもはあくまでも運動の対象として対岸に置かれ、貧困に苦しむ当事者を中心に運動を展開しようとする姿勢は見られない。その上、「未来、夢、希望」という明るいイメージに彩られた運動が、「社会全体」や「一億総活躍」という言葉で総動員を謳うとき、運動のあり方に異を唱える者を排除する「空気」が支配的になるのではないか。その結果、貧困を生み出してきた企業の責任や、国民の生活を保障すべき国の責任の追及が十分になされなくなる。また子供の未来応援基金の多額の資金管理や事業採択に関与しているのが日本財団であることを考えると、この運動や基金が本質的問題を隠蔽するために設立されたのではないか、という疑いも出てくる[39]。

こうした「上からの組織化」すなわち、国の政策の中心（現在は内閣府）から始まって末端の地域住民までが同一目的のために組織化される社会は、それを受け入れる国民の意識によって可能になっている。そしてその意識は、幼い時から不断に刷り込まれ、強化され続けている。たとえば、小中学校での道徳の教科化によって、「道徳的価値に基づき自ら考え、多面的・多角的に学ぶ道徳」の習熟度がすでに評価の対象となっており、子どもたちの自律的思考が育まれていくのか、危ぶまれる[40]。彼らが大人になるころには、体制批判や反対運動がしにくくなっていくのではないかと懸念される。

以上、「子どもの貧困」という言説をめぐる社会の動きを追ってきたが、ソーシャルワーカーが認識するべき問題は、①子どもが育つ家庭が貧困であるのは親が貧困に陥る社会構造的原因があるが、それへの対応は十分に図られていない、②貧困家庭の問題を子どもに焦点をあてて対策が講じられているのは、貧困家庭から子どもだけを取り出し、将来の労働力として活用したいという政財界の意向である、ということである。家庭の貧困が顕在化したのは、言うまでもなく新自由主義的政策による雇用の不安定化が原因であり、その中で社会の責任であるはずのものが、個人の責任に帰すことにされているからである。C・W・ミルズは、「ひとりひとりの個人に固有のものである多彩な生活圏において経験するものは、しばしば構造変動に起因する。したがって、多くの個人的な生活圏における変化を理解するためには、それらを超えて物をみる必要がある」と述べている[41]。ソーシャルワーカーは、一方で現存する制度の中での裁量を発揮して貧困家庭の置かれた不条理な状況を改善すべく努力し、もう一方でアドボカシー機能を発揮して理解者を増やしつつ、制度・政策を変えていくソーシャル・アクションを行っていく必要があるだろう。

■註

1　「子ども」について、表記の統一を貫くことができない理由を予め説明しておく。厚生労働省が管轄する児童福祉では、「子ども」を用いているので、本稿でも「子ども」を本文で用いる。しかし内閣府や文部科学省では「子供」を用いているため、本文中で法制度や政策の名称を正確に記すため「子供」を用いざるを得ない場合がある。

2　ソーシャルワーカーの倫理綱領（社会福祉専門職団体協議会）社会福祉専門職団体協議会代表者会議（二〇〇五年一月二七日制定）社団法人日本精神保健福祉士協会（二〇〇五年六月一〇日承認）のうち、Ⅲ・社会に対する倫理責任。

3　例えば、労働社会学者の木下武男著『若者の逆襲ワーキングプアからユニオンへ』（旬報社）では、経済界・企業が、若者を犠牲にしながら、日本型システムを温存しようとしたこと、つまり意図的に若者がワーキングプアに追いやられていることが指摘されている。

4　「ＯＥＣＤ（経済協力開発機構）はヨーロッパ諸国を中心に日・米を含め三五ヶ国の先進国が加盟する国際機関。ＯＥＣＤは国際マクロ経済動向、貿易、開発援助といった分野に加え、最近では持続可能な開発、ガバナンスといった新たな分野についても加盟国間の分析・検討を行っています。」経済産業省による説明文。http://www.meti.go.jp/policy/trade_policy/oecd/

5　厚生労働省 2019「令和元年国民生活基礎調査」より。

6　可処分所得の算出に用いる拠出金の中に、新たに自動車税等及び企業年金を追加してＯＥＣＤの所得定義の新基準が設けられたことにより、新基準が算出された。

7　父子世帯の親の八五・四％は正規の職員・従業員または自営業であり、パートやアルバイトは、七％強であった。

8 「男女ともに短時間の就業形態の増加等により、非正規雇用の労働者が大きく増加している。一九八九（平成元）年から二〇一九（令和元）年にかけて、男性では二二九万人から六九一万人へ、女性では五八八万人から一四七五万人へ大きく増加し、総数では八一七万人から二一六五万人へと約二・六倍に増えている。男性は「パート・アルバイト」に次いで「契約社員」「嘱託」が比較的多く、女性は「パート・アルバイト」が多い。雇用者（役員を除く）に占める割合については、男性では八・七％から二二・九％へ、女性では三六・〇％から五六・〇％へ上昇している。」（令和二年度版厚生労働白書：36）。また「就職氷河期世代の中心層となる二〇一九年段階で三五～四四歳の人の雇用形態等を見ると、非正規雇用の労働者である三五九万人の中には男性を中心に不本意非正規の方がいるほか、無業者は三九万人と一〇年前から横ばいとなっているなど、依然として、様々な課題に直面している」（令和二年度版厚生労働白書：43）。

9 亀山 2021: 35-47

10 阿部 2008、山野良一 2008『子どもの最貧国・日本』光文社新書

11 「子どもの貧困・機会格差の根本的な解決に向けて――未来への投資による真の総活躍社会の実現」

12 「『子どもの貧困』から、未来に渡って子どもたちを救うのは「貧困の連鎖」を断ち切ること」平成三一年（二〇一九年）三月大阪府箕面市。https://www8.cao.go.jp/kodomonohinkon/yuushikisya/k_11/pdf/s2.pdf 2021/3/31 取得。

13 実態解明には、以下のような出版物がある。保坂歩、池谷孝司 2012『ルポ 子どもの貧困連鎖 教育現場のSOSを追って』光文社、湯浅直美 2009「貧困の世代的再生産と子育て――ある母・子のライフヒストリーからの考察」『家族社会学研究』21（1）、駒村康平、道中隆、丸山桂 2011「被保護母子世帯における貧困の世代間連鎖と生活上の問題」『三田学会雑誌』103（4）、中村強士 2014「保育所保護者における貧困層の特徴――名古屋市保育所保護者への生活実態調査から」『日本福祉大学社会福祉論集』（131）、盛満弥生 2015「宮崎県における「子どもの貧困」実態把握（1）二つの公的統計から」『宮崎大学教育文化学部紀要．教育科学』32。

増員するべきスクールソーシャルワーカーの性格として、門田は、SSWは「児童生徒の等しく教育を受ける権利や機会を保障していくことを目的としたソーシャルワークの専門的援助活動」である、と定義している（門田光司 2002『学校ソーシャルワーク入門』中央法規出版）。

14 清水克之他 2010『子ども虐待と貧困』明石書店、藤田英典 2012「現代の貧困と子どもの発達・教育」『発達心理学研究』23（4）

15 要保護児童対策地域協議会については、厚生労働省サイトを参照 https://www.mhlw.go.jp/bunya/kodomo/dv11/05-01.html.

16　ベーシックインカムとは、最低限度の生活を保障するため、国民一人一人に定期的に現金を給付するという政策構想。フィンランドでは、二〇一七年一月から二年間限定で、二〇〇〇人に対して試験的に導入されている。この制度では、収入や資産、雇用状況にかかわらず、毎月一律五六〇ユーロが支給され、支給された現金は非課税となっている。また、スイスでは、二〇一六年六月五日にベーシックインカム導入の国民投票が行われたが、否決された。

17　なお本法は、二〇一九年六月に改正され、児童の権利条約の精神に則ることや、貧困の社会的要因を踏まえること、市町村に貧困対策計画策定の努力義務を課すことなどが加わっている。

18　子供の貧困対策に関する大綱の一〇の基本的方針は、以下の通りである。

1　貧困の世代間連鎖の解消と積極的な人材育成をめざす。
2　第一に子供に視点を置いて、切れ目ない施策の実施等に配慮する。
3　子供の貧困の実態を踏まえて対策を推進する。
4　子供の貧困に係る指標を設定し、その改善に向けて取り組む。
5　教育の支援では、「学校」を子供の貧困対策のプラットフォームと位置付けて、総合的に対策を推進するとともに、教育費の負担の軽減を図る。
6　生活の支援では、貧困の状況が社会的孤立を深刻化させることのないよう配慮して対策を推進する。
7　保護者の就労支援では、家庭で家族が接する時間を確保することや、保護者が働く姿を子供に示すことなどの教育的な意義にも配慮する。
8　経済的支援に関する施策は、世帯の生活を下支えするものとして位置付けて確保する。
9　官公民の連携等によって子供の貧困対策を国民運動として展開する。
10　当面今後五年間の重点施策を掲げ、中長期的な課題も視野に入れて継続的に取り組む。

19　相談窓口のワンストップ化とは、例えば、児童扶養手当の現況届の時期（毎年八月）等に、子育て・生活、就業、養育費の確保などである。ひとり親が抱える様々な課題をまとめて相談できる集中相談体制の整備を支援することや、自治体内の各窓口における連携、支援ナビの活用、スマホ等で検索できる支援情報ポータルサイトの活用により、ひとり親支援の相談窓口への誘導を強化することなどが計画されている。また学校をプラットフォームにすることについて、具体的には、①スクールソーシャルワーカーの配置の拡充

20 ⇒平成三一年度末までに一万人（全中学校区に一人）配置、②スクールカウンセラーの配置の拡充⇒平成三一年度までに全公立小中学校（二万七五〇〇校）に配置、③家庭教育支援チーム等による、家庭に対する幅広い相談対応等の訪問型家庭教育支援の推進⇒平成三一年度までに訪問型家庭教育支援を行う家庭教育支援チーム数等を増加させる（二六年度二八三チーム）が計画された。二〇一五年に全国の小中学校に配置された数は二二四七人（予算上の積算人数）＋貧困対策重点加配六〇〇人。二〇一九年度の配置目標人数は、全中学校区をカバーする一万四七人。配置数資料は、文部科学省初等中等教育局児童生徒課「学校における教育相談に関する資料 平成二七年一二月一七日」より。令和四（二〇二二）年度文部科学省予算では、スクールソーシャルワーカーの全中学校区配置（一万人）で週一回三時間から週二回三時間、スクールカウンセラーの配置を全公立小中学校（二万七五〇〇校）で週一回四時間から週一回八時間と拡充することが提案されている。

21 二〇一五年から文科省は、「チーム学校」として対応する仕組みを進めているが、学校の中でスクールソーシャルワーカーを積極的に活用する仕組みが十分に出来上がっていない。またスクールソーシャルワーカーの勤務条件は、所属する地方自治体によって異なるが、交通費別で、一時間当たり二五〇〇~五〇〇〇円が相場と言われており、決して良いとは言えない。総務省は二〇二〇年五月一五日、「学校における専門スタッフ等の活用に関する調査（二〇一八~二〇年）」の結果に基づく勧告を文部科学省に行った。調査によると、スクールカウンセラーなどの専門的職務に対する学校現場での連携が不足していることがわかり、解決策の検討や取組みを求めた。令和四年度文科省予算には、スクールソーシャルワーカーやスクールカウンセラーの常勤化に向けての調査を実施する予算が組まれているが、常勤化はごく一部の自治体を除いて実施されていない。

22 OECD国際教員指導環境調査 TALIS2013（日本では平成二五年二月から三月に実施された）によれば、日本の教諭の一日当たりの勤務時間は、一〇時間二二分（うち残業時間一時間四三分）となっており、週平均五三・九時間であり、調査対象三四ヶ国中最長であった。その原因は、第一に課外活動、第二に事務業務であった。

23 http://www.mext.go.jp/b_menu/houdou/28/02/1367524.htm 2017/2/26 取得。

24 http://www.mhlw.go.jp/file/06-Seisakujouhou-11900000-Koyoukintoujidoukateikyoku/280617jinsokutekikaku.pdf 2017/2/26 取得。

25 加藤曜子 2014「児童虐待予防に向けた県と市町村の取り組み」『流通経済大学論集』26（2）

26 これは、「すべての子どもの安心と希望の実現プロジェクト」として二〇一五年一二月二一日に子どもの貧困対策会議で決定された総合施策の一つとして位置づけられたプロジェクトである。（参照 http://www8.cao.go.jp/kodomonohinkon/kaigi/k_4/pdf/s2.pdf）

27 職場の時短営業等による減収プラス学校の臨時休業によって働けなくなったケースも多かった。ＮＰＯの調べでは、親だけでなく休日は子どもの昼食を抜くケースも出ている。https://www.jiji.com/jc/article?k=2021020300190&g=soc. 2021/3/31 取得。

28 厚生労働省子ども家庭局家庭福祉課母子家庭等自立支援室「新型コロナウイルス感染症の感染拡大を踏まえたひとり親家庭等への支援について」事務連絡令和二年九月一一日。二〇二一年三月一六日には、新型コロナウイルスの影響で生活に困窮する世帯への緊急支援策として子ども一人あたり五万円の給付金を配ることなどを政府が決定した。

29 この事業に一自治体あたり一〇〇〇万円（国の補助二分の一）が予算化された。

30 地域子供の未来応援交付金交付要綱の第二条に定められた交付目的には、「経済的に厳しい状況に置かれたひとり親家庭等の子供に対する学習支援や居場所づくりなどの支援を取りまとめた「ひとり親家庭・多子世帯等自立応援プロジェクト」（平成二七年一二月二一日子どもの貧困対策会議決定）の実効性を高めるため、地域の実情を踏まえ、各種施策を組み合わせるなど創意工夫を凝らし、子供の発達・成長段階に応じて切れ目なく「つなぎ」、教育と福祉を「つなぎ」、関係行政機関、地域の企業、ＮＰＯ、自治会などを「つなぐ」地域ネットワークの形成を支援することを目的とする」と記載されている。強化のための交付金の使途については、「経済的に厳しい状況に置かれたひとり親家庭等の子供に対する学習支援や居場所づくりなどの支援」に限定されており、「市町村等の長が、交付金を本事業以外の用途に使用した場合」には、交付決定の取消し（地域子供の未来応援交付金交付要綱第一六条）も規定されている。

31 https://www8.cao.go.jp/kodomonohinkon/torikumi/koufukin/pdf/tsunagari_gaiyo.pdf 2021/4/4 取得。

32 http://www8.cao.go.jp/kodomonohinkon/yuushikisya/k_2/pdf/s4.pdf 2017/2/28 取得。

33 発起人名簿は、http://www8.cao.go.jp/kodomonohinkon/kokuminundou/syukai.html を参照。政府からは安倍内閣総理大臣等が参加、そのほか地方公共団体、経済界・労働組合、マスコミ、支援団体等が参加している。

34 http://www8.cao.go.jp/kodomonohinkon/taikai/pdf/torikumi_osaka.pdf 2017/2/28 取得。

35 五三五件の申請団体の規模や性格は多様であったが、①計画性、②連携とその効果、③戦略的な後方、④継続性の観点がから選別された。対象となる事業別にみると、①様々な学びを支援する事業二八件、②居場所の提供・相談支援を行う事業一七件、③衣食住など生活の支援を行う事業一八件、④児童養護施設等の退所者を支援する事業八件、⑤児童又はその保護者の就労を支援する事業三件、⑥里親又は特別養子縁組の斡旋を実施又は支援する事業一件、⑦その他、貧困の連鎖の解消につながる事業一一件であった。

二〇二〇年度までに採択された支援団体は、何年も続けて採択されている団体を入れて、のべ四二八件に上った。

36 個人からの寄付二三四二件（四億五三七六万五四七八円）、法人からの寄付一六八件（二億五七二四万八六三五円）であった。

37 寄附金の中には、令和二年四月二八日に天皇から寄附された五〇〇〇万円を含む。データは、子供の未来応援基金二〇二〇年度事業報告から引用、計算を行った。https://kodomohinkon.go.jp/wp-content/uploads/2021/09/%E7%AC%AC4%E5%9B%9E_2020%E5%B9%B4%E5%BA%A6%E5%9F%BA%E9%87%91%E4%BA%8B%E6%A5%AD%E5%A0%B1%E5%91%8A.pdf 2022/2/20 取得。

38 子供の未来応援国民運動推進事務局「子供の未来応援基金について」令和二年九月。https://www.wam.go.jp/content/files/pcpub/top/kikin/miraiouen5th_ppt1.pdf 2021/4/4 取得。

39 周知のように、日本財団は、二〇一一年三月三一日まで日本船舶振興会という名称であったことからもわかるように、競艇の収益金を用いた助成を行っている。子どもが貧困に陥る原因の一つである親のギャンブルに関与している団体が、基金の管理を行うことを批判する意見もある。

40 小学校では二〇一八年度から、中学校では二〇一九年度から教科化が始まった。令和四年度の文部科学省概算要求では、四二億円をかけて道徳教育の充実や評価の仕方の普及を行うこととしている。「道徳科においては、道徳的諸価値についての理解を基に、自己を見つめ、物事を広い視野から多面的・多角的に考え、人間としての生き方についての考えを深める学習を通じて、内面的資質や能力としての道徳性を主体的に養い、日々の生活や将来における道徳的行為や習慣に結び付けるという特別の教科としての特質を踏まえた質の高い多様な指導を行うことが求められている。」文部科学省「特別の教科　道徳」の指導方法・評価等について（整理案）：4

41 Mills, C. Wright 1959 *The Sociological Imagination.* Oxford University Press.（＝伊奈正人・中村好孝訳 2017『社会学的想像力』ちくま学芸文庫）。

■参考文献

阿部彩 2008『子どもの貧困――日本の不公平を考える』岩波新書

亀山裕樹 2021「ヤングケアラーをめぐる議論の構造――貧困の視点を中心に」『北海道社会福祉研究』41

澁谷智子 2018『ヤングケアラー――介護を担う子ども・若者の現実』中公新書

第3章

若年層の雇用条件向上に向けて

西﨑 緑

1 深刻化する介護分野での人材不足

二〇一六年三月二日、社民、民主、共産、維新、生活の野党5党は、介護・障害福祉従事者人材確保特別措置法案（介護職員等処遇改善法案）を衆院に共同提出した。この法律は、六月二〇日衆議院全会一致で成立し、政府はこれに基づいて、介護職員の待遇改善、養成強化、離職防止策の三本柱で介護職員の確保に取り組むこととなった。

介護人材の不足については、かねてから議論されてきたところで、二〇二一年七月九日に第八期介護保険事業計画の介護サービス見込み量に基づき、都道府県が推計した介護職員の必要数を厚生労働省が取りまとめた資料によると、二〇二五年度には介護職員必要数が約二四三万となるのに対し、供給の見込みは約二一〇万人で、およそ二三万人分が不足する見込みである。介護職員の人数自体は、大きく減少しているわけではなく、介護保険制度が施行された二〇〇〇年度の五五万人から、一九年後の二〇一九年には二〇〇万人、つまり四倍弱に増加している。しかし、要介護者数が増え続けているために、職員不足が深刻化しているのである。

介護職員不足の原因は、少子高齢化で要介護者が増加するのに対して、若者の数が減少するという人口構成上の原因が第一に挙げられる。しかしそれだけではなく、低賃金・重労働の介護現場の労働条件の悪さも大きく影響している。これを賃金水準で見ると、常勤雇用の介護職員の平均的給料は、勤続年数七・六年、年齢四三・八歳で、月額約二五万円である。これは、全産業平均から五万円近く低い。医療福祉系だけでみても数万円低い状況がある[1]。そのため、一旦、結婚や育児、人間関係の不和などで離職すると、介護・福祉の現場から遠ざかってしまう状況が続いている。児童福祉を担う保育士についても、同様に低賃金・重労働の状況が続いており、毎年一割が離職すると言われている（そのため、処遇改善等加算[2]による保育士賃金の引き上げが政策的にも検討されているほどである）。

2　悪化する若年層の労働条件と若者の就活意識

介護・福祉現場での人材不足は深刻であるが、「劣悪な労働条件」自体は、何も福祉業界に限ったことではない。若者の完全失業率は、二〇一〇年をピークに減っているが、二〇二一年の一五から二四歳の完全失業率は四・六％であった。令和三年度の労働力調査では、非正規雇用労働者は三六・七％であり、リクルートワークス研究所による二〇二三年三月卒業予定の大卒求人倍率調査によれば、新規学卒者の就職環境は、リーマンショック以降回復傾向にあり、求人倍率は大卒者で一・五八倍、令和四年度「高卒・中学新卒者のハローワーク求人に係る求人・求職・就職状況」取りまとめによれば高卒者で三・四九倍となっていた。また、一旦は就職しても、三年以内に離職する人の数は、大卒者で三一・五％、高卒者で三五・九％となっており、就職難から不本意な就職をする者も多かったのではないか、ということも指摘されている。ここ数年は、多少回復傾向が見られるとはいえ、新型コロナ感染症の拡大の影響も受けている。経済の回復が不透明な中、終身雇用と年功序列賃金体系は、もはや夢物語と言ってよいだろう。

このような状況下で、若者自身の「働く」あるいは「働いて自活する」ことをめぐる状況について考察してみる。

（1）就職はできても上がらない賃金

文部科学省の「令和三年度学校基本調査（確定値）」によれば、二〇二一年三月に大学（学部）を卒業した者は、五八万三五一八人で、うち大学院等への進学者は、六万八七七六人（一一・八％）、自営業、無期雇用及び一年以上の雇用契約のある仕事への就職者は、四三万二七九〇人（七四・二％）であった。この数字を見ると、一時期の就職氷河期と言われていた時代よりも就職率、しかも正規雇用で採用される割合が回復してきていることがわかる（図1参照）。

しかし就職率が回復したと言っても、労働条件が改善された訳ではない。二〇二一年一一月一七日に日本経済団体連合会（経団連）などが発表した二〇二一年三月卒「新規学卒者決定初任給調査結果」によると、大学卒の初任給の平均額は、事務系二一万九四〇二円、技術系二二万四三八円で、対前年引き上げ率は三年連続で下がったことがわかる[3]。

図１　大学（学部）卒業者の主な進路状況

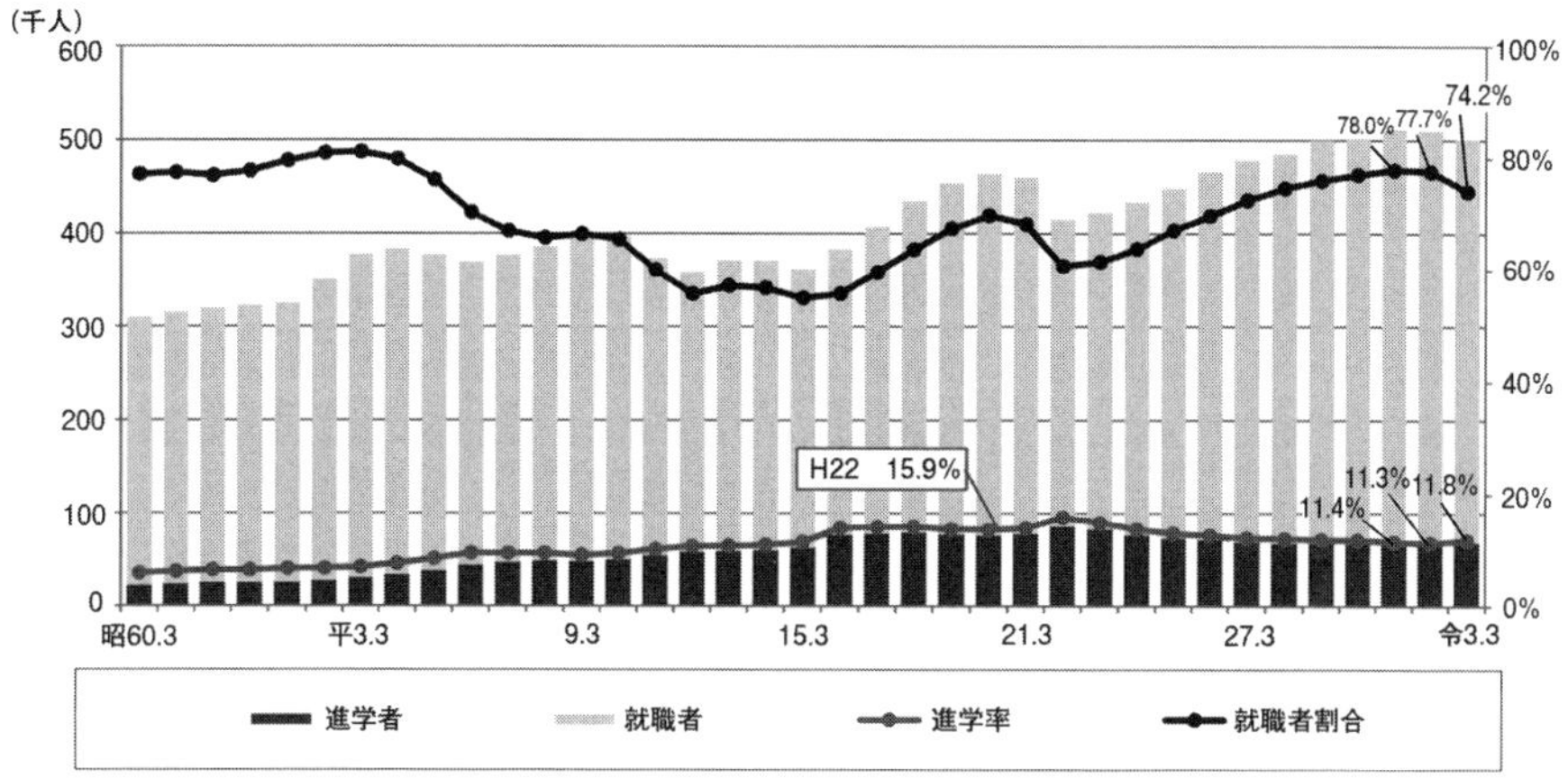

（注）１　就職者割合の最高値は，昭和37年3月の86.6%。
２　□で囲んだ年度は，最高値である。

資料：文部科学省　令和３年度学校基本調査（確定値）
https://www.mext.go.jp/content/20211222-mxt_chousa01-000019664-1.pdf

賃金が上がらない理由には、産業構造の変化、株主の発言権の増大、企業の内部留保の増大がある。まず我が国の産業構造を見ると、重厚長大で安定した雇用を生み出していた第二次産業が中心となっていた時代は終わり、比較的中小規模の企業が多い第三次産業（金融業、コンサルティング業、ＩＴ産業、小売業、サービス業など）が中心となっている[4]。このうち、収益率の高い金融業やＩＴ産業などでは、非常に優秀な一握りの人間を雇用する。そのため、高学歴でスキルの高い者に対しては、高収入の道が開かれている。しかし小売業、飲食業、流通業、介護福祉業などの販売や対人サービスの分野では、労働集約的業務がほとんどであるため、学歴やスキルもそれほど要求されていない。そのため、収益率を上げるために人件費率を圧縮する必要があり、劣悪な労働がはびこりやすい[5]。

次に株主の発言権増大の問題であるが、バブル崩壊以後、機関投資家や外国からの投資家の資金に依

図2　産業別就業者数の推移

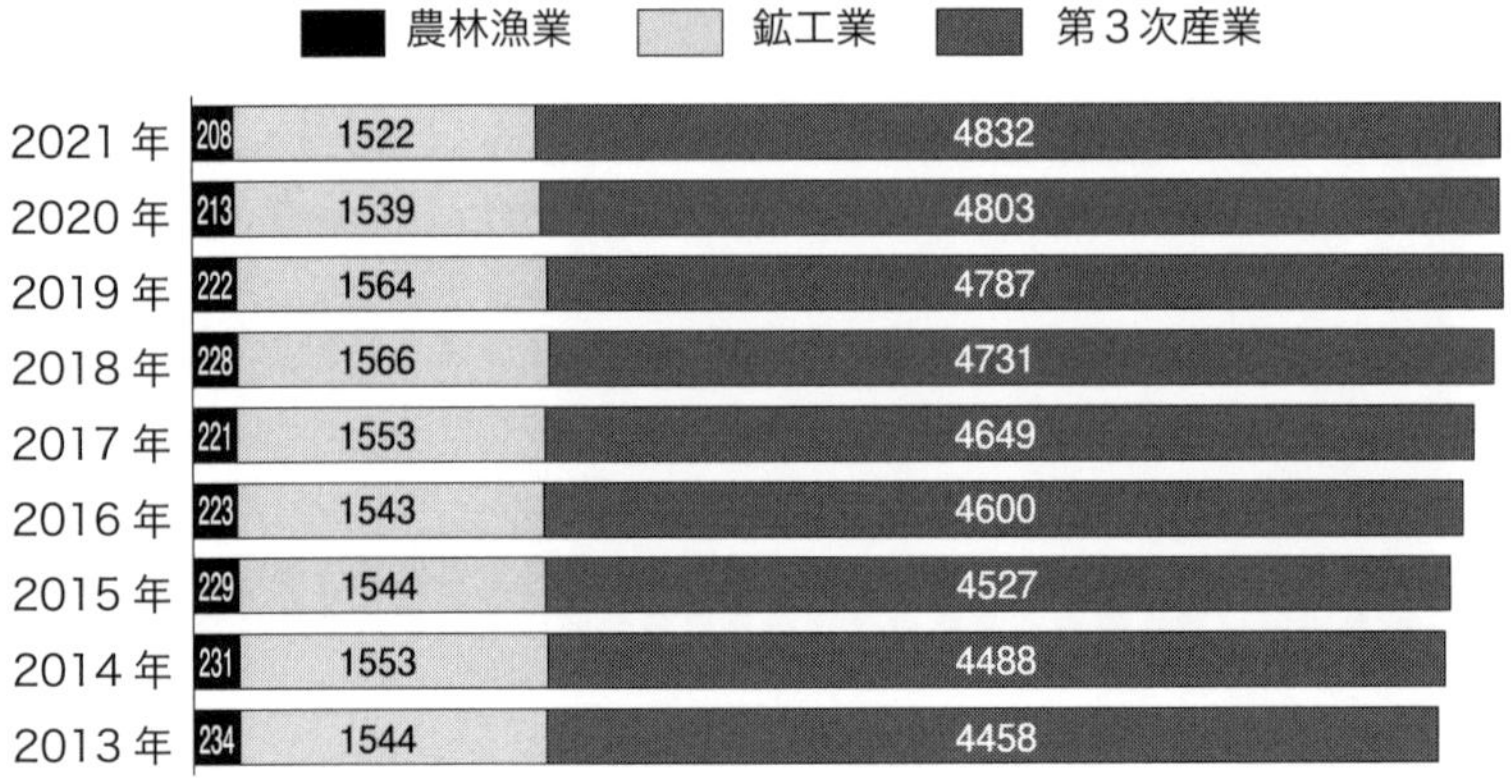

表　産業別就業者数、雇用者数　https://www.jil.go.jp/kokunai/statistics/chart/html/g0004.html を筆者が加工

存する企業が増え、それらの株主にとっては、株価上昇による利益の最大化が唯一の目標と言ってもよい。彼らは、利益を上げるためなら、役員のすげ替えをも厭わない。このような株主の強大な力は、日本の企業活動を、短期的利益を上げる方向へシフトさせた。例えば、人材の登用も、即戦力になる人材を優遇し、即戦力にならない新入社員に対しては、低賃金・長時間労働を押しつけて冷遇することになった。（有名）大企業においてさえも社員の「使い捨て」が起きるのは、このような「企業モラルの低下」が原因である[6]。

内部留保とは、将来の設備投資等に回すためや投資に回すために企業がため込んでいる資金である。財務省が二〇二一年九月に発表した法人企業統計では、内部留保（貸借対照表上は利益剰余金）九年連続で過去最高額を更新し、四八四兆三六四八億円であった[7]。つまり日本の企業は、儲けても労働者に還元せず、内部留保を増やし続けているのである。

この多すぎる内部留保問題について、労働組合の全国組織の一つである全労連からは、経団連の「二〇二二年版経営労働政策特別委員会報告」に対して、次のような批判が出されている。コロナ禍でも内部留保を増やし続ける大企業に対して、「内部留保を還元し大企業の社会的責任を果たす」こと、そして最低賃金一五〇〇円を早期に実現して、「格差をなくし、八時間働けば誰もが人間らしくくらせる公正な社会への転換」を求めている[8]。

さらにサービス業では、同業者との競争に勝ち残るために、顧客の要望に応える「おもてなし」の度合いを高める必要もあるため、提供するサービスの範囲が定型化していない。労働者には、個々の顧客のニーズを的確に読み取り、それに応えるサービスを提供できるコミュニケーション能力がまず求められることになる。事実、二〇一九年四月入社対象の採用選考活動について経団連がまとめた結果によると、「コミュニケーション能力（八二・四%）」が一六年連続で第一位、「主体性（六四・三%）」が第二位、「チャレンジ精神（四八・九%）」が第三位、「協調性（四七・〇%）」が第四位であった[9]。企業は、専門性よりもむしろ個人の人格的資質を重視して採用を行っており、結局、企業の意に沿いつつ、その中でのノルマを「主体的に」自分に課して仕事をする人物が求められていると言えよう。このような状況が、結果的に低賃金で過重な労働を働く者に課すことになり、特に社会経験の浅い若年労働者には、神経をすり減らすような厳しい労働が課せれることになる。いわゆる「ブラック企業[10]」といわれる苛酷な労働条件の企業は、このような企業風土を是とする日本の雇用慣行から生み出されたものと言ってよい。

（2）若者の就活意識

一方、若者の就職に対する意識は、就職氷河期の先輩たちを見てきたせいか、終身雇用を求める傾向が強い。二〇一六年九月二三日に、独立行政法人労働政策研究・研修機構が発表した「第七回勤労生活に関する調査」結果――スペシャル・トピック「『全員参加型社会』に関する意識」によれば、二〇～三〇歳代で、「終身雇用」「年功賃金」の支持割合が二〇〇七年から急激に伸びている。また「一つの企業に長く勤め管理的な地位や専門家になるキャリアを望む者（「一企業キャリア」）の割合は五〇・九％と過半数であった。

ただし長期安定志向といっても、学生たちは、志望する企業を判別する基準を、企業業績や離職率等を総合的かつ詳細に分析するよりも、有名であることや大企業であることに置いている様子が見られる。二〇二四年卒の就活生が選ぶ希望企業ランキングでは、総合一位が損保ジャパン、二位が三菱東京ＵＦＪ銀行、三位が東京海上日動火災、四位が三井住友銀行、五位がみずほフィナンシャルグループと金融業界の大企業の人気が高い[11]。高卒者の就職内定をみても従業員千人以上の企業が二四％となっている[12]。

このような学生たちの就活への意識や行動が、「表向きは評判がよくても内実はブラック」という企業をいつまでも存続させる理由の一つになっている。例えば、二〇一三年度就職人気ランキング一位[13]の大手広告代理店電通は、二〇一六年にブラック企業大賞を受賞した。月一〇五時間の残業という労働基準法違反の長時間労働と、社内のパワーハラスメントによって電通の若年女性社員が自殺に追い込まれたことは、私たちの記憶に新しい。これがマスコミでも話題になったために、労働環境が劣悪な企業である、電通の内実が世間に明らかになった。ただし、この事例は氷山の一角である[14]。

ブラック企業を見極める基準としてブラック企業大賞は、①長時間労働、②セクハラ、パワハラ、③いじめ、④長時間過密労働、⑤低賃金、⑥コンプライアンス違反、⑦育休・産休などの制度の不備、⑧労組への敵対度、⑨派遣差別、⑩派遣依存度、⑪残業代未払い（求人票でウソ）などの項目を挙げている。これを適用すると、電通のほかにも、日本郵便、ドン・キホーテ、関西電力、佐川急便、プリントパックなどの大手企業や安定していると思われている企業がこの条件を満たすブラック企業大賞の候補にあがっている[15]。

ブラック企業に対して、厚生労働省は二〇一七年五月から「労働基準関係法違反に係る公表事業（いわゆるブラック企業リスト）」を公表している。また、長時間労働削減推進本部を設けて働き方改革推進プロジェクトを実施している。若者の使い捨て防止のためにはポータルサイト「確かめよう労働条件」を設け、アプリやアニメを使って労働条件や労働関係法令相談先についての情報提供を行い[16]、ブラックバイトに対する対策を講じてきた[17]。

3　若者は自己責任論を超えられるか？

ブラック企業やブラックバイトから脱出できず働き続けてしまう、あるいは使い捨てられても文句が言えない状況に若者たちが陥ってしまうのは、現代社会に自己責任論が蔓延しているからである。自己責任とは、広辞苑によると、「自分の判断がもたらした結果に対して自らが負う責任」である。この責任について、さらに広辞苑は「人が引き受けてなすべき任務」と「政治・道徳・法律などの観点から非難されるべく責（せめ）・科（とが）。法律上の責任は主として社会的な刑事責任と主として対個人的な民事責任とに大別され、それぞれ一定の制裁を伴う」と説明している。ここでいう自己責任は、自らの選択した道（生き方や就職）について、如何にその後劣悪な環境に陥ろうとも、文句を言ったり、抵抗したりすることができないほど、責めを負わされるものなのであろうか。

(1) 自己責任論がなぜ蔓延するのか

日本で、自己責任に関する議論が巻き起こったのは、二〇〇四年のイラク人質事件が起こってからだといわれている[18]。この事件では、武装勢力に拘束された日本人三人に対して、主としてインターネット上での批判を皮切りに、マスコミも加わって激しいバッシングが起こった。そしてこれ以後、自己責任という言葉は、自分勝手な行動をし、他者に迷惑をかけた者を非難する意味で用いられるようになった。この自己責任論は、因果応報という仏教思想を基盤とする日本社会の価値観に親和性をもつため、瞬く間に社会に拡散した、と捉えることもできるが、果たしてそれだけであろうか。

因果応報は、人の世の理を説いたものであり、それ自体は、個人の生き方や行動を規制する一つの道徳規律でしかない。しかし、この人質事件の被害者を、不特定多数の人間が寄って集って非難するという激しい攻撃性は、道徳規律の強化の域を超えて、単なるイジメに転化していると思わざるを得ない。その背景には、攻撃を行う人物自身が適応を強要されている現在の社会への大きな不満や閉塞感があり、自分が閉じ込められている社会から逸脱した者たちへの羨望と憎悪があるのではないか。すなわち「掟破り」をした者を「公開処刑」に処することにより、自らの意思で生きる者を二度と輩出しないようにするという「リンチ（私刑）」メンタリティがあると思われる。こうした自己責任を振りかざしたバッシングは、SNSの普及によって、益々エスカレートしつつある。

それでは、二一世紀を生きる現代人が「息苦しくも適応するよう駆り立てられている不自由な社会」は、いつから、どのように日本社会に入りこんできたのか。それは、一九八〇年代から世界を席巻した新自由主義と深い関係がある。新自由主義は、資本主義の「自由競争原理主義」であり、資本の増大を唯一の目標とする。そのため、経営者、中間管理職、労働者、それぞれに絶え間のない成果主義を課す。誰もが評価の対象となり、効率性の追求、働き方の向上、改善が常に求められる環境が作られていった。その中で、労働は過重となり、長時間労働の常態化や、成果を出せない人間の切り捨てが起きることとなった。特に、経済のグローバル化とともに国際的な競争が激化している中では、コスト削減＝人件費削減が当たり前となっている。派遣労働者や有期雇用労働者などの非正規雇用の労働者を増やすだけでなく、正規労働者に対しても、残業代の不払い（サービス残業の増加）や深夜や休日の割増不払いなどは当然のように行われてきた。また長時間労働で心身に不調をきたす者や自殺者が出ても、わずかの例外を除いて、個人の資質の問題として片付けられる[19]。つまり、労働者が自らの健康管理を行うのは、自己責任であるとされるのである。そのため、労働効率が悪いと判断された労働者に対して、追い出し部屋での孤立を強いたり、上司との面談を何度も強いて退職を迫ったりしても、結果として本人が退職する意思を示せば、それは自己都合退職となってしまうのである。

自己都合での退職に対しては、雇用保険の給付期間が短く設定されており、受給できる期間はわずか九〇日間である[20]。しかし退職に至るまでの過程で、企業から成績不良者としての烙印を押されたり、酷い扱いを受けたりした場合、多くの人は心に深い傷を負うため、求職活動が上手くできない場合が多い。つまり、たとえ求人があっても、ハラスメント等で一旦離職すると、正規労働者として復帰することが難しくなるのである。このような状況下では、若者が貧困に陥っても、それは自己責任とみなされがちである。

この図式は、就職活動の時点ですでに持ち込まれており、「会社を選ばなければ就職できる」はずであるという意識は世間に根強く残っている。そのため、いつまでも内定をとれない学生に対しては、自分の実力以上の企業を狙いすぎている学生とか、選り好みしすぎるわがままな学生、という評価がなされがちである。それは、学生自身の自信喪失につながっていく。

相互マッチング型就活サイト「JOBRASS」を運営するアイデムが二〇一五年に行ったインターネットによる調査では、八割以上の就活生が「すでに就活にストレス」を感じているという結果が出ている[21]。このストレスの理由は、「内定がもらえるか不安だから」が八五・六％、「開始時期変更による不安から」が五九・四％であり、就活開始時期繰り下げによる選考期間短期化で、選考期間内に内定が取れるかどうかについて「不安である」（六〇・一％）、「若干、不安である」（三五・八％）と、ほとんどの学生が不安を感じている結果となった。

これに先立って、若者の雇用問題に対する相談や調査活動を行っているＮＰＯ法人POSSEが「激しさを増す就職競争の負担や不安が学生の内面にどのような影響を与えるのか」を調べるために二〇一〇年度に行ったアンケート調査では、就活経験者の七人に一人が「就活うつ」状態になっている事実が明らかになった[22]。このような不安、緊張、孤立感、失望などの抑鬱状態が悪化すると自殺に追い込まれる。警視庁の調べによると、就職活動がうまくいかない大学生が精神的に追い詰められて死を選ぶ「就活自殺」は、二〇一三年までの七年間で二一八人に上っていることがわかった[23]。

就職活動が自殺者まで出してしまうのは、企業の採用時期が四月に設定されている日本企業の慣行に一因がある[24]。学生たちは、一斉に就職活動が解禁されてから短期間で内定を得るための競争をしなければならず、なかなか内定がもらえなかったり、不採用通知を何度も受け取ったりすると、他者と比較して自分の能力が低いと感じてしまう。それだけでなく、圧迫面接に遭遇したり、面接官から社会人失格という烙印を押されたりすれば、大きく傷ついてしまう。つまり、採用慣行を転換しなければ、今後もうつ病を発症したり、自殺したりする学生を減らすことが困難である。

（2）ディーセント・ワークへのシフトが必要

ここで、近年注目されるようになったのは、ディーセント・ワークという考え方である。ディーセント・ワークとは、「働きがいのある人間らしい仕事」のことで、国際労働機関（ＩＬＯ）によれば、仕事があることを基本としつつも、その仕事は、あくまでも権利、社会保障、社会対話が確保されていて、自由と平等が保障されるものでなければならないとする[25]。ＩＬＯは、その具体的方法として、四つの戦略目標を掲げている。二〇〇八年の第九七回総会において採択された「公正なグローバル化のための社会正義に関するＩＬＯ宣言」では、その第一を「仕事の創出」、第二を「社会的保護の拡充」、第三を「社会対話の推進（政・労・使の話し合いの促進）」、第四を「仕事における権利の保障」としている。またＳＤＧｓの目標８にも、「包摂的かつ持続可能な経済成長及び生産的な完全雇用とディーセント・ワークをすべての人に推進する」ことが掲げられている。自己責任論を超越するには、若者を追い込む働かせ方や採用の仕方が、世界基準に照らし合わせると異常な状態であり、人間の尊厳を保持できるような仕事を提供することが社会の責任であることを政府や企業が認める必要があるだろう。

（3）若者の労働組合と福祉の接近

「ディーセント・ワーク」を実現するためには、労働組合の力で労使交渉を成り立たせ、労働協約によって働くルールを作ることが必要である。この点、産業別・職種別で組織されているヨーロッパの国々では、労働組合がかなり強力であり、労働組合の力で労働条件をある程度改善できている。しかし日本の場合には、労働組合が企業単位で結成されているので、労働組合の力は弱くなりがちである。これに加え、労働組合組織率は年々低下している。二〇二二六月時点での推定組織率は一六・五%であり[26]、前年より〇・四ポイント低下した。これも企業単位で正規労働者を対象に労働組合が組織されてきたことに原因があり、正規労働者が減少したことによって組織率低下がもたらされたのである。

本来、労働者と使用者は労使対等の原則によって労働契約を結ぶという、緊張関係を持っているはずである。しかし日本の労働組合は、正規労働者の「雇用確保」を第一に捉え、そのほかの労働条件を企業の都合に合わせて妥協してきた。例えば、日本企業は、平時に必要な労働者数を確保せず少ない人間で仕事をこなそうとするので、残業が常態化するが、それを不況時の雇用確保と使用者側が主張すれば、労働者のほうも残業を受け入れてしまう。あるいは企業の収益が低下していると言われれば、賃上げ交渉を簡単にあきらめてしまう[27]。このような企業（使用者側）に有利な労使関係は、欧米のような仕事の専門性を中心とした関係ではなく、集団への帰属（＝メンバーシップ）を優先する日本型雇用慣行によって生み出されている[28]。このように企業と労働者が一体化している状況では、使用者側の要求がエスカレートしがちであり、企業の利益を第一に考えない者に対しての懲罰（＝ハラスメント）も用いられる。つまりブラック企業が発生しやすい。その上、補助的業務に就く女性やパート労働者などには、最初から雇用の安定もないので、正規労働者は雇用の安定にしがみつこうとして、ますます厳しい労働条件を受け入れてしまうのである。

ところで、若者の労働組合に対しての認識はどうなっているのだろうか。若者にとって、労働組合はあまりなじみがなかったが、二〇〇〇年以後、若年非正規労働者が増加していくにつれて、若者の間にも労働組合が広がっていった。彼らの労働組合の特徴は、個人単位でも加入できる横断的組合であることと、若者にしわ寄せをもたらす社会のあり方を変えようとする社会運動（団体交渉権を用いた社会運動[29]）の様相を持つことであった。

例えば、首都圏青年ユニオン（二〇〇〇年一二月結成）、フリーター全般労働組合（二〇〇四年八月結成）、関西非正規等労働組合・ユニオンぼちぼち（二〇〇五年一一月結成）、フリーターユニオン福岡（二〇〇六年六月結成）などは、派遣や請負などの雇用形態の労働者を組織したもので、メンバーの多くが若者である[30]。これらの労働組合は、一企業に限定せず、幅広く広がる非正規労働者個人を対象にして、電話やメールを通しての相談活動、悩みや情報交換を通じて交流するカフェ、メルマガの発行、不当な解雇やハラスメントの案件について雇用主と団体交渉を行うこと、弁護士や学者を交えての勉強会の開催、グローバル化や格差に反対する街頭デモなどを行っている。また、非正規労働者は失業のリスクが高いため、労働者ではなくなっている人々（ホームレスや引きこもりの若者）を支援するＮＰＯなどとも繋がりを持っている。つまり、既存の組織で（企業単位の労働組合）から排除されたり、孤立化させられたりしている非正規労働者は、苛酷な労働条件にさらされる中で心身を病むことが多いため、労働組合と福祉活動や地域活動との結節が必然的に起こるのである。

ただし、若者がすべてこのような非正規労働者の組合の活動を支持しているわけではない。ＳＮＳ等を通じて政治や労働条件の改善を目指す活動を行う若者たちに対しては、同世代の人々からも「意識高い系」と揶揄されることもある[31]。またエリートの若者たちは、社会運動に冷淡であったり無関心であったりするという指摘もある[32]。

さてここで視点を変えて、福祉の側から問題を捉えなおしてみよう。一九七〇年代までの社会福祉は、低所得で身寄りがなく、傷病・障害のために労働市場に吸収されない人々を対象とした極めて限定的なものであった。しかしその後、高齢化の進展、在宅サービスの拡大、介護保険制度の導入、社会福祉基礎構造改革などによって、広い意味での社会福祉の対象が拡大した。さらに、二〇〇〇年以後は、先にみたような非正規雇用の増大や、就活中の学生へのいじめやや正規雇用労働者の過酷な労働のために心を病む人が増加してきた。つまり、労働問題が十分に解決されていないために、障害者となった人が増加していると言える[33]。一旦このような形で精神疾患をわずらってしまうと、職場復帰が難しいだけでなく、人間関係における恐怖心や不安のために、社会の中で生きていくことが困難になる。そのために生活再建が遅れがちになってしまう。

二〇二一年度のハローワークを通じた障害者の就職件数では、新規求職申込の精神障害者は一〇万八二五一人で、それに対する就職件数はおよそ四万五八八五件であった[34]。就職率は四二・四%となり、半分以上の精神障害者が就職できていないが、求人数はコロナ禍で一旦減ったものの、以前並に増加しているので、就職率の改善は期待できる。しかし、就職した状態を継続できるか、ということになると、精神障害者にとっては、働き続けることが難しいという状況があることがわかる。障害者の就職一年後の定着率を見ると、身体障害者六〇・八%、知的障害者六八・〇%、発達障害者七一・五%であるのに対し、精神障害者は、四九・三%となっている[35]。障害者総合支援法による自立支援や、障害者雇用促進法による就労支援を進めるという障害者福祉の方針があっても[36]、本来の問題である「一般企業における労働のあり方」

を変えなければ、これらの人々が自立生活を送ることが難しい。この問題について橋口（2010）は、生活再建や社会復帰の困難さについての当事者の語りを以下のように述べている（以下引用）。

ある組合員は、メンタル系の支援団体に行っても「ニートや引きこもりは悪くないんだくらい言ってくれるけど、やっぱり社会が悪いんだとは言ってくれない」ことに違和感を持っている。また別の組合員は、社会復帰をしても仕事に就けない、仕事に就いても生きていけるだけの賃金を安定的に得られないという現実を変えない限り、引きこもり問題は解決しないと考えてきた。（中略）

「たびたび僕は組合のなかでも話をするんですけれども、極端な話、引きこもっていて精神科の先生から、就労不可とかですね、そういう診断をもらって障害者年金や生活保護につなげていった方がまだ生きられる。引きこもっていた方がかえって生きられる。普通支援する側、社会の常識というのは引きこもったままだったら生きられないというじゃないですか。でも現実には逆の事態が起こるわけですよね。逆の事態が起こることに社会の問題がまさにあると思いませんかね。私はそう思ってますけど」[37]

不登校や引きこもり経験から「ニート」になっている若者、そして苛酷な労働から精神疾患をわずらった者たちを労働市場に統合するには、就労支援を行う障害福祉サービスの充実や企業の障害者雇用率を上げていくことだけではなく、一般社会の雇用のあり方そのものを変えて、労働者が精神疾患にかからないようにすることが必要であるという視点をソーシャルワーカーは持つ必要がある。

膨大な数の非正規労働者が常に曝されているのは、仕事と生活を失うリスクである。期限付き雇用や低賃金だけでなく、社会保障制度上の位置づけが不利になっているために、生活基盤を失う可能性が大きい。さらに非正規雇用から正規雇用に転換が行われる可能性がほとんどないという現実は、将来の希望を喪失させてしまう。事実、「賃金水準の低さや雇用の不安定さによって、継続して自立した生活を送ることが多くの若者にとって困難になっている。時給八〇〇円では，仮にフルタイムで毎日一年間働けたとしても一五〇万円ほどの収入にしかならない。ここに『明日から来んでもええよ』とか『皿割ったから罰金ね』といった攻撃が加えられる」（橋口 2012）と、たちまち生活基盤を失い、非労働者化してしまうのである。これに最後のセーフティネットである生活保護制度でさえ、偏見に基づく若年受給者へのバッシングで追い打ちをかける[38]。若者＝働けるという図式は根強いが、働く以前に住宅や社会関係という生活の基本があること、その上で健康が維持できて安心して働ける職場がなければ成り立たない。その整備と企業の働かせ方を改革することは、憲法第二五条によって生存権保障の実現を託されている国が行わなければならない。

またここで考えるべきことは、この問題が福祉サービス従事者にも適用されるべきだということである。福祉現場の労働条件も苛酷である。行政の生活保護担当者でさえ全国平均で月平均八〇件のケースを担当しており、時間外労働が常態化している。まして、賃金等の待遇面で劣る介護現場や保育現場においては、慢性的な人手不足と長時間労働によって、心身共に疲弊する労働者が多い。事実、産業別メンタルヘルスの状況では、メンタル不調者のいる割合が医療・福祉業界では七六・六％もあり、最も高くなっている。その原因については、「人間を扱う現場での人間関係の難しさや、ミスが命の問題に直結する責任の重さ」がストレスを高めているからと分析されている[39]。

以上のことから、ソーシャルワーカーは、低賃金・長時間労働と不安定な雇用を余儀なくさせられている派遣や有期雇用などの非正規労働者数が二一〇一万人（全労働者の三六・九％）に上るという現実を見つめ、それが福祉業界にもあてはまる問題であるという認識の下、日本社会の根本的な労働問題の解決に向けて、労働組合と共に運動していく必要がある[40]。

■註

1 厚生労働省「令和三年賃金構造基本統計調査」（企業規模計一〇人以上）より。

2 「平成二八 年度における処遇改善等加算の取扱いについて」事務連絡、内閣府子ども・子育て本部参事官（子ども・子育て支援担当）、文部科学省初等中等教育局幼児教育課、厚生労働省雇用均等・児童家庭局保育課。

3 「大卒事務系の初任給二二万九四〇二円、三年連続低下」https://resemom.jp/article/img/2021/11/22/64447/294472.html

4 厚生労働省「平成二七年労働力調査年報」より産業別就業人口をみると、第三次産業の就業人口は、三分の一から四分の一になっている（図2参照）。

5 本田由紀 2013「若者の雇用問題」『大原社会問題研究所雑誌』654: 27

6 西谷敏 2014「ブラック企業と若者の雇用問題」第二五回総合政策学会講演記録『総合政策論叢』28: 7

7 読売新聞「企業の内部留保、九年連続で過去最高更新…前年度比二％増の四八四兆円」二〇二一年九月一日 https://www.yomiuri.co.jp/economy/20210901-OYT1T50166/

8 全労連事務局長黒澤幸一「【談話】経団連「二〇二二年版経営労働政策特別委員会報告」について」二〇二二年一月二一日 https://www.zenroren.gr.jp/jp/opinion/2022/opinion220121_01.html

9 「二〇一八年度　新卒採用に関するアンケート調査結果の概要」二〇一八年一一月二二日　一般社団法人 日本経済団体連合会。http://www.keidanren.or.jp/policy/2018/110.pdf　2023/5/8 取得。

10 ブラック企業という言葉その後の由来には諸説あるが、二〇〇七年に2チャンネルの書き込みから始まったという説がある。それが翌年、『ブラック会社に勤めているんだが、もう俺は限界かもしれない』として出版、映画化されて世間に伝わったという。生態茂実・鹿田勝一『ブラック企業と就活・働く権利――青年に希望を　悪質企業を見分ける確かな眼』労働総研ブックレット7: 44

11 キャリタス就活 2024 https://job.career-tasu.jp/2024/guide/study/ranking/2_01.html#anc

12 令和四年度「高校・中学新卒者のハローワーク求人に係る求人・求職・就職内定状況」取りまとめ（9月末現在）九頁

13 楽天の情報サイト『みんなの就職活動日記』で二〇一三年度就職を目指す登録学生六二八九人に対しておこなったアンケート調査の結果、電通が一位となったもの。https://www.advertimes.com/20120213/article53886/

14 大手企業では、日本アイ・ビー・エム、ヤマダ電機、東芝なども過労自殺者を出したり、大量解雇に伴ういじめ問題、度重なる労基法違反等で、内実はブラックだと言われている。

15 http://blackcorpaward.blogspot.jp/　2017/3/8 取得。

16 https://www.check-roudou.mhlw.go.jp/　2023/5/8 取得

17 今野晴貴 2015「ブラック企業問題の沿革と展望――概念の定義及び射程を中心に」『大原社会問題研究所雑誌』681

18 赤堀三郎 2016「社会の冷酷さについて――「社会システムの観察」を理解するために」『東京女子大学社会学年報』4: 4-5

19 二〇一六年に報道で取り上げられた電通社員の自殺問題は、極めて珍しい。電通は、この事件以外にも、それまで過重労働に追い詰められて心身を病む労働者を数多く生み出した企業であることが明らかになった。つまり、注目されなかった多くの犠牲者がいたということである。

20 ハローワークインターネットサービス https://www.hellowork.go.jp/insurance/insurance_benefitdays.html

21 「二〇一六年新卒　就活学生意識調査」（二〇一五年二月五日発表）。同社の調査では、二〇一六年三月卒業予定の就活生五一五人から回答が得られた。https://news.careerconnection.jp/?p=7229　2017/3/9 取得。

22 POSSE が行ったアンケートは、就活を一通り経験した大学四年生・大学院二年生とそれ以外の学年を比較する方法をとり、アンケート調査用紙配布回収方式で学生約六〇〇人へのアンケートを行ったものである。就職活動が学生生活を金銭、時間、労力のあらゆる面から圧迫している様子や過酷な就職活動を経験するによって希望する労働条件の水準を引き下げざるを得ないことも明らかになった。

23 「大学生「就活自殺」七年で二〇〇人超　思うように内定得られず追い詰められ…　専門家「解決には雇用環境の改善必要」」産経West 二〇一五年一月三日　http://www.sankei.com/west/news/150103/wst1501030060-n1.html　2017/3/9 取得

24　何が就活自殺した学生達を追い詰めたのか?.就活失敗で人生終了なのか?.　二〇一五年一月二〇日 http://paiza.hatenablog.com/entry/2015/01/20/%E4%BD%95%E3%81%8C%E5%B0%B1%E6%B4%BB%E8%87%AA%E6%AE%BA%E3%81%97%E3%81%9F%E5%AD%A6%E7%94%9F%E9%81%94%E3%82%92%E8%BF%BD%E3%81%84%E8%A9%B0%E3%82%81%E3%81%9F%E3%81%AE%E3%81%8B%EF%BC%9F%E5%B0%B1%E6%B4%BB 2017/3/9 取得。

25　この言葉は、一九九九年の第八七回ＩＬＯ総会に提出されたファン・ソマビア事務局長の報告において初めて用いられた。報告の中でソマビア事務局長（当時）は、「ディーセント・ワークとは、権利が保障され、十分な収入を生み出し、適切な社会的保護が与えられる生産的な仕事を意味します。それはまた、全ての人が収入を得るのに十分な仕事があることです」と説明している。http://www.ilo.org/tokyo/about-ilo/decent-work/lang--ja/index.htm　2017/3/9 取得。

26　厚生労働省「令和四年労働組合基礎調査の概況」https://www.mhlw.go.jp/toukei/itiran/roudou/roushi/kiso/22/dl/gaikyou./pdf 2017/3/9 取得

27　伊藤大一 2014「ブラック企業問題と日本的雇用システム」『立命館経済学』62（5・6）: 503-504

28　濱口桂一郎 2013『若者と労働』中公新書ラクレ

29　橋口昌宏 2010「「若者の労働運動」の活動実態と問題意識の射程」『日本労働研究雑誌』602

30　前掲書

31　「意識高い系」は、常見陽平 2012『「意識高い系」という病』ベストセラーズ、によって広がったが、常見によれば「もともとは、自分磨きに熱心で、やたらと大きいことを言ったり、人脈作りに熱心だったり、ＳＮＳで名言や努力の軌跡を発信したり、ビジネス書を読みあさったりするが、何かと空回りしていて、実体を伴っていなくて痛い人のことを指す言葉として定義した。いつの間にか、頑張っている人を揶揄する言葉だと誤解されるようになった」（常見 2016 常見陽平のはたらく道 2016/6/16「意識高い系」と労働組合　若者視点の労働改革を http://ictj-report.joho.or.jp/1606/tsunemi.html 2023/5/8 取得）。

32　「SEALDs などの政治・社会運動に東大生がほとんどいない件。いわゆる偏差値の高い学生ほど大学教育を投資と考えていて、リターンに結びつかない活動を無駄と切り捨てると解釈すれば、腑に落ちる」山口二郎法政大学教授（Twitter 二〇一六年一月一七日）。

33 厚生労働省の患者調査では、うつ病患者が年々増加しており、平成二六年患者調査では、うつ病などの気分障害で医療機関を受診している患者数は、一一一万六〇〇〇人で過去最多となっている。平成二三年の患者調査では、九五・八万人、平成八年調査では四三・四万人であったことを考えると増加傾向が見て取れる。厚生労働省の平成二四年労働者健康状況調査では、過去一年間（平成二三年一一月一日から平成二四年一〇月三一日）にメンタルヘルスの不調により連続一ヶ月以上休業又は退職した労働者がいる事業所の割合は、八・一%となっている。また、精神障害に係る労災請求・決定件数は、平成二四年度に過去最高を更新し四七五件となった。これは、脳・心臓疾患より多い件数である（厚生労働省 2013「平成二四年度「脳・心臓疾患と精神障害の労災補償状況」まとめ」）。

34 厚生労働省職業安定局障害者雇用対策課「令和三年度ハローワークを通じた障害者の職業紹介状況などの取りまとめを公表します」https://www.mhlw.go.jp/content/11704000/000797428.pdf 2023/5/8 取得。

35 「障害者の就業状況等に関する調査研究」二〇一七年四月独立行政法人高齢・障害・求職者雇用支援機構障害者職業総合センター

36 これまで身体障害者と知的障害者に限定されていた障害者法定雇用率に、二〇一八年四月から精神障害者も含まれることになった。二〇二一年三月に民間企業の法定雇用率は、二・〇%から二・三%に引き上げられた。

37 橋口前掲書：64

38 生活保護担当の小田原市職員らが二〇〇七年から「不正受給はクズだ」などの趣旨の英文が背面にプリントされたジャンパーを自費で購入し、一部の職員が勤務中に着ていたことが分かった。（東京新聞二〇一七年一月一八日朝刊：小田原市職員の上着に「不正受給はクズ」 生活保護担当が市民訪問に着用も）という事件も差別意識の表れである。若年受給者への差別意識は、雨宮処凛が「小田原市役所に申し入れ～「保護なめんな」ジャンパーの背景にあるもの」二〇一七年二月二日 THE HUFFINGTON POST http://www.huffingtonpost.jp/karin-amamiya/odawara-city-welfare_b_14561580.html の中で、匿名でメディアの取材に答えた職員が「中には、どう見ても健康な三〇代の若い男が受給を認められたりしているのです」と発言したことを取り上げていることからもわかる。

39 独立行政法人労働政策研究・研修機構 2020「職場におけるメンタルヘルス対策に関する調査」：12

40 厚生労働省「非正規雇用」の現状と課題 http://www.mhlw.go.jp/content/001078285.pdf 2023/5/8 取得。

第4章

コミュニティ・ソーシャルワーカーとソーシャル・アクション

西﨑 緑

1　コミュニティ・ソーシャルワークの必要性

地域社会（コミュニティ）は、人々の日常生活の中で、自然に形成され発展してきた。近年、改めて地域社会が注目されるようになったが、それは、地方自治体の業務が地域社会に移譲されたり、施策への住民参加が求められたりしてきたからである。特に、福祉分野では、地域包括ケアシステムや要保護児童対策地域協議会、防災分野では地区防災計画が、その例として挙げられるだろう。

地域包括ケアシステムは、全国的に進行する高齢化の中で、介護保険の保険者である自治体が地域の主体性に基づいて地域の特性に合わせて構築する介護支援の仕組みとして考案されたものである。これは、「団塊の世代が七五歳以上となる二〇二五年を目途に、重度な要介護状態となっても住み慣れた地域で自分らしい暮らしを人生の最後まで続けることができるよう、住まい・医療・介護・予防・生活支援が一体的に提供される」ように工夫されたシステムであり、認知症高齢者の生活を地域で支えることも想定されている[1]。

ここでは、専門機関や専門職だけではなく、老人クラブ・自治会・ボランティア・NPO等の地域住民が「自主的に」高齢者の暮らしを支える側に回ることが期待されている。

児童福祉の分野では、虐待や非行件数の増加に伴い、二〇〇四年に児童福祉法が改正され、市町村単位で要保護児童対策地域協議会（子どもを守る地域ネットワーク）が設置された。これは、被虐待児や非行少年等の要保護児童の早期発見と適切なケアを図るために、関係機関の情報共有や連携・協力を推進していくために設置されたものである。協議会自体は、守秘義務のある専門機関や専門職が協力する体制であるが、その目標を達成するために、学校や警察との連携、そして、地域の子育て支援との連携も企図されている[2]。さらに二〇二四年度実施の改正児童福祉法では、これまでのセンターを統合した子ども家庭センターが発足し、その機能として子育て世帯訪問事業、児童育成支援事業、親子関係形成事業が新規に加わる。

防災分野で地域への関心が高まったのは、二〇一一年の東日本大震災がきっかけとなった。地震や津波によって市町村全体が被災したために、自治体の機能が麻痺したところも多く、被災者支援が遅延したり、支援物資が届かない地区が生じたりしていた。そのような中で、地域住民は互いに助け合い、励ましあいながら、共に困難に立ち向かって生活を支えた。この経験から、地域住民による共助を基本とした防災活動の必要性が認識され、二〇一三年六月「災害対策基本法」が改正されて、地域住民と域内事業者による自発的な防災・減災活動の計画である「地区防災計画制度」が創設された。二〇一四年三月には、内閣府から「地区防災計画ガイドライン」が地区居住者等向けに公表され、翌四月から実施されている。

このように高齢者福祉分野、児童福祉分野、災害福祉分野において、地域（コミュニティ）は、住民間の情報共有、信頼関係、共助を、福祉や防災に役立てることが期待されるようになった。しかし、どこの地域でもそれができるとは限らない。今、地域で起こっていることを見ると、マンションをはじめとする集合住宅の増加、転勤族の増加、住民意識の変化等によって、「地縁」を大切に考えない人々、自分の暮らしに関係ないと思う人々が増加している[3]。その結果、地縁組織である、町内会・自治会への加入者が減っており、役員の交代に苦労しているところもある[4]。地縁組織に加入していなくても、自助努力のほか、自らの志向に従って、新しい市民団体やNPOを作り、それらが活発に活動している地域もある。しかし、それらの組織と既存の町内会・自治会との連携や協力体制は、なかなか進んでいない[5]。以下にその理由を考察しながら、地域社会（コミュニティ）とかかわるソーシャルワーカーに必要な視点を考察する。

2 「個」の分離と地域社会

（1）発達したテクノロジーや個人を対象とした制度による「個」の分離

今日ほど、地域社会（コミュニティ）が注目されている時代はない。ただし、現在の地域社会（コミュニティ）は、その期待に応えられるほど「まとまりのある」状態ではない。個人の日常生活は、辛うじて（同居する）家族単位で送っているが、最近ではそれも危うくなっている。地域社会（コミュニティ）の助けがなくても日常生活が営めるようになったため、「個」が自分の生活の基本単位となったといえる。

個の時代は、どうやって到来したのであろうか。無論、独身の若者や一人暮らしの高齢者が増加したことにより、「物理的に（＝家族形態として）」進んだ面もある。しかし家族と暮らしていても、意識や行動の上で個別に生活していることはあり得る。例えば、家庭での食事の形態では、孤食化が進み、同居家族が同じテーブルを囲んで食事を摂ることが普通とは言えなくなった。農林水産省消費・安全局「食育に関する意識調査報告書」（令和四年三月）によれば、夕食をほとんど家族と一緒に食べない人六・二％、週に一回程度が三・五％、週に二〜三回程度が一二・六％となっている。しかし若い世代では家族と同居していても、六〜七割の人が家族と夕食を共にしておらず、「孤食（個食）」が進んでいることがわかる[6]。このような「一緒に暮らしていても個別の生活」という状況は、家族への帰属意識を低下させ、ひいては、地域社会（コミュニティ）への帰属意識の低下に繋がっていく。

それでは、「個」の生活は、どのように成り立っているのか。一言で言えば、商品経済に行動も意識も依存して成り立っている。例えば、コンビニで総菜を買って自宅に持ちかえり、電子レンジで温めれば「すぐ食べられる」。新型コロナ感染症の拡大も手伝って、いわゆる「中食（なかしょく）」という食事形態が急速に進んでいる[7]。自分自身が調理技術をもたなくても、コンビニに行けば調理済みや半調理の食材があり、場所や時間を選ばずに個別に食事が摂れる。立ち食い、歩き食い、コンピュータやスマホを操作しながらの食事、乗り物の中での朝食、昼食がわりのコンビニおにぎりやサンドイッチは、現代の日本社会でごく普通に見られる風景となった[8]。

中食は、人々に便利さとして受け入れられたが、一方で、「他人が握ったおにぎりが食べられない」という現象も生み出している[9]。自分の家族や友人・知人など、本来、自分にとって親しみが持て、信用できる人間が心をこめて「手づくり」した食品よりも、商品経済のシステムを通して提供される「機械が生産した」食品のほうが安全だと感じているのである。原材料や食品添加物、生産過程の清潔さや安全性を自分で直接確かめたわけでもないのに、無条件に信用してしまう「疑いを持たない」消費者は、食品以外の他の社会システムに対しても疑いを持たなくなっていくのではないか。

このような社会関係の逆転現象は、他にも見られる。近所の人に自分の経済状態や買い物の中身を知られるのはいやだと思っていても、ポイントカードやクレジットカード、スマホ決済の使用には、多くの人が無頓着である。キャッシュレスとネット通販の普及で、買い物の中身や家計の状態など、詳細な自分の生活情報が顧客情報として社会に流出し、ビッグデータに取り込まれてしまうことについて、危機感を持つ人は少ない。また、同じ地域や集合住宅に住む人々に無関心であっても、芸能人の結婚、離婚、出産等について、まるで自分の身内であるかのような感情移入をする人も多い。こうした人々は、マスメディアやネット情報に操作されやすく、自分で情報を選別し、考え、判断する能力が十分に醸成されないまま、与えられた情報に従って行動している。実証性、科学性、論理性を自らの生活に適用する力が弱い個人が地域住民の多数を占めている現在では、愛情、共感、連帯を基本に置いて地域社会の関係を主体的につくり、維持することは極めて困難となっているのではないだろうか。

多くの地域で課題となっている町内会・自治会の加入率の低下も、自分たちの暮らす地域を主体的にとらえ、地域社会のまとまりや共同作業の必要性を住民たちが感じなくなっていることによってもたらされている。特に若い世代にとって、町内会・自治会は、旧態然とした硬直した組織として映っており、自治体が本来行うべき住民サービスを下請けしてやっている、というイメージが強い。もっとも町内会・自治会批判は、戦後から今日まで行われてきた[10]。旧来型の町内会に対する批判は、戦前に軍国主義に協力した歴史にある通り、前近代的性格に対する批判が主であった。これらの封建的・保守的性格が、現在でも若い世代の町内会・自治会嫌いに関係しているのであるが、それだけではない。宅配やコンビニなどのサービスを利用すれば、わずらわしい人間関係から解放される、という生活様式の変化によって、「個人の生活」重視に意識が向かっているのである。

（2）SNSの浸透とリアル世界への無関心

社会学者のマッキーヴァーは、社会（ソサイエティ）の下部集団の類型を三つに分け、明確な組織を持つ機能集団の「アソシエーション」、明確な組織を持たない意志的統一体の「カスト・階級」、包括的地域的統一体としての「コミュニティ」があるとしている[11]。彼は、コミュニティについて「如何なる集団もその大小の如何に拘わらず、人びとが特定の関心を分有するのではなく、共同生活の基本的な諸条件を分有しているような形で共同生活をしている場合、その集団をわれわれはコミュニティと呼ぶ」と定義し、地域社会の共同性をその特質とした[12]。

ところが二一世紀の今、「共同生活の基本的な諸条件の分有」について考えてみると、SNSの普及によって、物理的距離と精神的距離がかけ離れる現象が生じてきた。自分が暮らす地域社会（コミュニティ）には、自分と異なる価値観や考えを持つ人がいるが、その人たちと付き合う「必要を感じない」人が増えている。かつて生業としての農作業には必要であった共同性を必要としなくなった今日では、人々の人間関係の中心は地域社会から離れた職場や学校にある。そしてマイカーとコンビニとSNSがあれば、近隣の人と付き合わずに生きていくことが可能である。これに長時間労働や長時間通勤などによる家庭での生活時間の減少や、それに個人単位の娯楽の機会の多さが加わると、地域とのかかわりは「できる限り避けたい」ものになってしまう。

そして、生活に関する情報を近隣の人ではなく、「遠方に住む友人や家族」「全く知らない他人」から受け取ることは、スマートフォンの販売が開始されて以来SNSが急速に普及したため可能となった。二〇二一年時点でのアクティブユーザー数を見ると、フェイスブックで二六〇〇万人、ツイッターで四五〇〇万人、ラインで八六〇〇万人、インスタグラムで三三〇〇万人に上っている[13]。また、一般人から投稿された料理レシピの掲載サイトであるクックパッドが公表した二〇一六年二月のアクセス数は、六二六九万人となっている。平成二七年版情報通信白書（総務省）は、「ソーシャルメディアの普及が進み、生活に密着した情報交換が行われるにつれて、情報交換だけではなくモノの貸し借りに活用されることも出てきた」（シェアリング・エコノミーに関する記述）として、居住地域に制限されない生活機能の共有化が発達してきていることに触れている[14]。

SNSの利用率は、年代によって異なり、現時点では二〇～三〇歳代の若い人に利用者が多い。それゆえ、若い世代に人々も個人だけの生活を望んでいるわけではなく、一定の人間関係を保ちながら生活していきたいと思っていることは確かである。ただし、これらの社会経験の上で未熟な人々が利用する場では、「情報拡散時に情報の信憑性よりも面白さを重視する傾向が強く、トラブルに巻き込まれる利用者の割合も高い」[15]。いわゆる「炎上」や、個人に対する執拗な非難、誤解の拡散などのトラブルがネットのバーチャル空間で繰り広げられるだけでなく、実生活にも影響を及ぼすこともある。このようなリスクもありながら、彼らが生活に欠かせないものとしてSNSを利用し続けるのは、さまざまな価値を持つ人と妥協点を見いだす努力をし続けなければならない現実世界と係わる必要がないからである。すなわち、地縁によって「嵌められる」人間関係で動く地域社会（コミュニティ）より、自分が選択して参加するアソシエーション的世界であるSNS（仮想コミュニティ）のほうが気楽で居心地良いと感じているからではないか。

しかしいくらバーチャルの世界で過ごす時間が長くても、肉体がある限り、リアルな世界と縁を切ることはできない。地域全体を巻き込むような自然災害などに遭遇する可能性もゼロではない。リアル世界において、他者との協力の仕方を学ぶことは、避けて通れないのである。

3 社会的包摂の実践を担うコミュニティ・ソーシャルワーク

（1）「社会的包摂」と見守りネットワークを考える

二〇一四年四月八日から六月三日まで放送されたNHKドラマ『サイレント・プア』は、それまで一般の人にあまり知られていなかったコミュニティ・ソーシャルワーカーの仕事を取り上げ、社会に広がる社会的排除と見えない貧困を考えさせるものとなった。このドラマの主題をNHKは、「声なき貧困。いま、そんな『見えない貧しさ』が社会に広がっている。それに立ち向かうべく新たに全国各地に登場したのが、コミュニティ・ソーシャルワーカー（CSW）という仕事だ」「ゴミ屋敷の主、引きこもり、ホームレス、若年性認知症など、懸命に生きながらも現代の社会的孤立の淵に沈んだ人たち」に手をさしのべ続ける人物を描くことであったと説明している[16]。

では、実際の地域ではどうだろうか。ドラマのモデルとなった大阪府豊中市の社会福祉協議会の活動が示すように、地域社会には、「隠れた貧困」が数多く存在する[17]。大阪府では、①要援護者に対する見守り・発見・つなぎのセーフティネット体制づくり、②制度の狭間にある要援護者からの相談への対応、必要なサービスへのつなぎ、各種福祉サービスの利用申請支援等の実施等、③地域住民活動との協働と支援、④新たなサービスや仕組みの研究・開発・普及、⑤地域福祉計画等の策定・見直し、推進等への協力及び市町村におけるセーフティネットの構築・強化のための取組みへの参画の役割を担うコミュニティ・ソーシャルワーカー（CSW）を配置している[18]。

社会福祉は、当面の使命として、隠れた貧困に苦しむ人々の支援にエネルギーを費やすことが必要であり、コミュニティ・ソーシャルワーカーには、アウトリーチの機能を持ちつつ、根気よく生活再建を手伝う「伴走型の支援」を行うことが求められる。ただし、それだけでは隠れた貧困をなくすことはできず、社会の修繕屋に終わってしまう危険がある。社会的に排除されている貧困者、特に若年の貧困者がどのような過程を経て生み出されるのか、そして彼らがなぜ自分から助けを求めないのか、を突き止めない限り、問題の発生を食い止めることはできない。

（2）若者はなぜ助けを求めなかったのか

ここで、東日本大震災を契機に、それまで潜在していた生活の脆弱さが貧困に結びついた事例を引用した上で、孤立した若者が貧困生活に至る過程を追ってみる[19]。

【仕事とコミュニティの喪失】

東日本大震災で生活基盤を失って生活再建に苦労する中、仕事だけではなく、コミュニティの繋がりが崩れ、経済的苦労と人間関係上の苦労が重なりつつ増大していく。

東北以外のところから助けに来てくれた人たちに対しては本当にありがたいと思っていたけれど、復興していくにつれ、よそから来た人ばかりがポストについて、地元に住んでいる僕たちの仕事はなくなっていく。だんだん、人間関係の折り合いが悪くなっていきました。周りでも、そんな状況をたくさん耳にするようになっていました。

【生きる希望の喪失】

生活基盤を突然失ったことで家族も苦労しており、家族による支援を期待できる状況ではなかった。家族全体が生きる希望を無くしたため、生活再建はますます困難となる。

ウチの実家も家がなくなってしまったので、家族もナーバスになっていて、毎日毎日「なんで自分たちだけがこんな目に合うんだろう」という話を聞くわけです。「これから希望を持ってやっていこう」なんてとても思えませんでした。なんで、そこまでして、人とつきあいながら仕事をして、生きていかなくちゃならないんだろうという気持ちになりました。

【他者への信頼の喪失】

コミュニティの人々が危機的状況のときに表した「信頼や助け合いの気持ち」が薄れ（＝潜在化）、自分の生活を優先する「普段の暮らし」に戻ったことについていけず、人間不信に陥っていく。

何か大きな災害が起きたとき、人はそこから復興する力を持っていると思うし、そのとき協力し合うことはとても重要だと思います。でも、その気持ちは、実は日常的にはあまり必要ではなくて、逆にじゃまになるときもあるんだなと思いました。これが普通の生活に戻っていくということなんでしょうが、僕自身はあのときの気持ちを忘れたくなくて、世のなか自体がイヤになってしまいました。「たいへんなときにしか人間はわかり合えないものなんだ」と痛切に感じましたね。

【アイデンティティの喪失】

コミュニティの人々との繋がり、家族との繋がりが切れ、誰にも承認されていないと感じると、社会関係の中で自分を規定することができなくなる。

実は、僕は、NPOの人に出会う前、身分を証明するものを川に捨てていたんです。先のことは何も考えられない。もうどうでもいいやという気分になって、すべてを捨ててしまいました。

【弱みを見せられないという社会心理的圧力】

自己責任論の裏返しだが、他者に弱みを見せられないという心理的圧力に阻まれて、自分から助けを求められなくなる。

お互い、普通の暮らしをしていたら、弱みなんてとても人には見せられないし、見せてはいけないだろう

――とも思いますが、施設では、お互いに弱い部分があると最初からわかり合っている。

この事例の場合、震災による生活崩壊は、全住民に降りかかった災難であり、生活困難は地域住民全体に広く及んでいた。しかしその後の生活再建への影響は、精神的に、経済的に、社会関係的に見て「より弱い人々に」より深刻な影響を与えたと言える。生活基盤や地域の人間関係が堅固ではない若者には、体力的に働く力があったとしても、その後の人生を生きていく気力が出ず、そのことを恥じてしまうと相談することもできなくなる。その結果、自ら進んで孤立無援の状態に陥り、社会的に排除された人々が生み出されることとなる。

内閣府によれば、社会的排除とは、「若年層（二〇歳から三九歳）においても、居住、教育、保健、社会サービス、就労などの多次元の領域から排除され、社会の周縁に位置する人々が存在する。彼らが抱える問題は、高校中退、非正規労働、生活保護受給、住居不安定（ホームレス）、シングル・マザー、薬物・アルコール依存症、結果としての自殺と多岐にわたる。彼らは、将来の展望をもちにくく、孤立化し、基礎的な生活基盤の獲得・保持さえも危ぶまれるという点において、類似した状態にある」ということである[20]。この調査では、さらに①生まれつきの本人が持つ「生きづらさ」から排除へとつながるケース【第1類型】、②家庭環境の様々な問題から排除へとつながるケース【第2類型】、③学校や職場などの環境により排除に追い込まれるケース【第3類型】という三つの類型が抽出され、それらが重なることによって、より社会的排除に結びつきやすくなることが報告されている。

社会的排除の状況を社会的包摂の方向に転換する方法の一つとして、地域での見守りネットワークの構築が叫ばれている。コミュニティ・ソーシャルワーカーもその構築に積極的にかかわることが期待されている。ただし、見守りネットワークは、孤独死の防止などである程度の成果をあげているとは言え、「一見元気に見える対象者の小さな変化や細かなニーズの発生を十分に把握できているとは言えない」[21]。これは、ボランティア等でかかわっている地域の人々の把握力に限界があるためである。

4　コミュニティ・ソーシャルワーカーの役割とソーシャル・アクション

高齢化、人口減少、防災の観点から地域の繋がりを再構築する必要に迫られている今、コミュニティ・ソーシャルワーカーの仕事は、地域の生活困難ケースに対して社会資源を動員して個別の支援体制を構築する地域コーディネート以外に、①コミュニティが新しい事態にも臨機応変に対応できる力を発揮できるようにすること、②生活困難を抱える当事者とともに、「見えない＝社会的に排除されている」の存在とその社会構造的原因について訴え、社会全体のあり方の変革に努力することである。

(1) コミュニティのレジリエンスを高める

コミュニティの変革を考えるとき、考慮すべきは、「再生可能な力（sustainability）」や「復原力（Stability）」ではなく、「弾力性（Resilience）」である。なぜならば、コミュニティは、時代とともに徐々に、あるいは災害などによって急激に変化するものであり、そのような新しい状況に臨機応変に対応できる力こそがコミュニティの今後に必要だからである。つまり「コミュニティの弾力性（Community Resilience）」は、地域社会が状況に応じて変化を受け入れる力、柔軟に、タイムリーに、臨機応変に対応できる力としてこれからのコミュニティを存続させ、その力を発揮できる可能性を秘めていると言えよう。

先の事例で生活困難の契機となった東日本大震災と原発事故は、広範な地域で各コミュニティが壊滅的とも言える危機に遭遇した出来事であった。その復興のために、さまざまな対策がとられ、レジリエンスという概念が日本でも注目を浴びるようになった。レジリエンスは、もともと生態学者のC・S・ホリング（Holling, C. S.）が一九七三年の論文で「スタビリティ（stability）」との比較によって定義したものである。ホリングによると、スタビリティとは、均衡状態に戻る能力であるが、これに対してレジリエンスは、変化を容認しつつ当該集団の関係を維持する能力である[22]。つまり、変化に柔軟に対応しつつ「連帯」を生み出す力がレジリエンスなのである。また二〇〇五年のハリケーン・カトリーナによる広範囲の多大な被害の復興過程で設立されたCARRI（Community and Regional Resilience Institute）によれば、コミュニティのレジリエンスは、自然災害や人災に際してのリスクを予測する力、その影響を測る力、急激な変化が起きるときに、生き延び、適応し、成長・発達することによって危機を乗り越える力とされている[23]。

震災や原発事故などによる避難生活の長期化は、誰が見てもコミュニティの危機である。仮設住宅での生活の長期化は、高齢者の災害関連死を生み出しており、家族や隣近所の人々が避難で分散したために地域住民の心をつなぐ祭や地域の行事が継続できなくなった例もある。原発事故からの避難者が全国でいじめに遭い、被害者が二重の被害に遭うことになった悲惨な状況は、最近になって明らかになったので記憶に新しいところである。それ以外にも、時には急激に時には徐々に、コミュニティの危機が進行している場合がある。それらは複合的な原因で生じていることが多い。例えば、高齢化が著しく進んでコミュニティの機能が果たせない、工場閉鎖によって住民が流出して著しく人口が減少した、住宅地開発によって新しい住民が大量に流入し保育所や児童遊園が絶対的に不足した、保育所の建設をめぐって高齢者と子育て世代の対立が激化した、外国人や精神障害者が地元のアパートに暮らすようになったことで住民の偏見が増長され社会的排除が表面化した、というような状況は、日本全国のどのコミュニティでも起こり得ることであり、当該コミュニティの統合性や機能を揺るがす危機となる。コミュニティがいつどのように危機に見舞われるかわからないという不確実性が現代社会の特徴であり、地域社会のレジリエンスを高め、直面した危機への対応力を高めておく必要は、ますます高まっている。

(2) ソーシャル・アクションの実践

コミュニティ・ソーシャルワーカーの仕事は、一方で個別ケースの生活再建に努力しつつ、もう一方でコミュニティのレジリエンスを高め、いかなる状況においても、住民全体を包摂しつつ新しいコミュニティとして再生していく力をつけていくことである。そのために、ソーシャルワーカーは、ワークショップなどの機会を通じてコミュニティの理解や共感を高めていくことと、公正・公平を求める他の社会運動との共闘しつつ、基本的人権の侵害に抵抗し当事者とともに世間に訴え、社会自体を変えていくソーシャル・アクションを実践していく必要がある。

ジャック・ロスマンは、公民権運動や福祉権運動を踏まえて、被抑圧コミュニティの変革をもたらすコミュニティ・オーガニゼーションの三つのモデルとして、①地域開発、②社会計画、③ソーシャル・アクションを提案している[24]。このうちソーシャル・アクションは、マイノリティをはじめとする地域社会の中で不利な立場にある人々を、エンパワメントしつつ彼らの要求を彼らが活用できる社会資源を増やし、平等で公正な扱いを受けることを訴えていくものである。

高良が二〇一一年に社会福祉士に行った調査では、構造的な問題を理解している社会福祉士は、ソーシャル・アクションの重要性を理解していたが、ソーシャル・アクションを実践した経験のある者はほとんどいなかった[25]。また渡邊は、その原因を社会福祉士養成教育でソーシャル・アクションが取り上げられる機会がほとんどないところにあると指摘している[26]。さらに高木・金子は、大学等のソーシャルワーク教育（とりわけ実習教育）において、「日常業務のノウハウから、その業務の土台を形成している福祉政策にかかわる幅広い問題や議論までを包括的に学ぶことは実質的に難しい」ゆえに「ソーシャル・アクションの位置づけは脆弱なものとならざるを得ない」という問題を指摘している[27]。

しかし置き去りになってきた問題、すなわち「生存権裁判、反貧困の活動」（渡邊：76）や、社会的排除の対象であるホームレス、外国人技能実習生、ハンセン病患者や在日外国人への差別問題などに対して、ソーシャルワーカーはエンパワメントをしつつ、社会の抑圧構造を変えていく必要がある。グローバル定義で示された「ソーシャルワークは、社会変革と社会開発、社会的結束、および人々のエンパワメントと解放を促進する、実践に基づいた専門職であり学問である。社会正義、人権、集団的責任、および多様性尊重の諸原理は、ソーシャルワークの中核をなす」を実践する責任があるからである。

■註

1 厚生労働省「地域包括ケアシステムの実現に向けて」http://www.mhlw.go.jp/stf/seisakunitsuite/bunya/hukushi_kaigo/kaigo_koureisha/chiiki-houkatsu/ 2017/3/16取得。

2 厚生労働省の説明では、「各種の子育て支援事業を有効に活用し、子どもや家庭に適切な支援を行う観点から、子育て支援事業の調整を行う子育て支援コーディネーターの確保・育成を図るとともに、日頃から、同コーディネーターとの連携・協力に努めていくことが必要である。」となっている。http://www.mhlw.go.jp/bunya/kodomo/dv11/05-01.html 2017/3/16取得。

3 令和元年度社会意識に関する世論調査（内閣府）によれば、「付き合っている」とする者の割合が六五・四％（「よく付き合っている」一六・四％＋「ある程度付き合っている」四九・〇％）、「付き合っていない」とする者の割合が三四・三％（「あまり付き合っていない」二七・四％＋「全く付き合っていない」六・八％）であった。地域での付き合いは、どの程度が望ましいと思うか聞いたところ、「地域の行事や会合に参加したり、困ったときに助け合う」と答えた者の割合が三五・九％、「地域の行事や会合に参加する程度の付き合い」と答えた者の割合が二九・四％、「世間話をする程度の付き合い」と答えた者の割合が一九・四％、「挨拶をする程度の付き合い」と答えた者の割合が一四・一％、「地域での付き合いは必要ない」と答えた者の割合が〇・五％となっている。

4 令和二年度に実施された「都市における自治会・町内会等に関する調査」では、自治会・町内会の加入率は七三・一％であった（全国の組織を網羅したわけではないので、東京などの大都市ではさらに低くなると思われる）。

5 中田実 2016「町内会・自治会の特質と現代的課題」『住民と自治』2016（1）

6 ほとんど毎日と回答した人は、六四・六％であった。

7 俗語。外食と家庭料理との中間にあり、惣菜や弁当などを持ち帰って食べることを言う。

8 藤田哲、小林登史夫、亀和田光男 2007『食品加工技術の展開』シーエムシー出版：8

9 この話題は、芸能人の田村敦や有吉弘行がテレビで発言して話題となったが、調査もいくつか行われている。『女性セブン』が三〇～五〇代の既婚男女各一五〇人に「コンビニと他人の握ったおにぎり、どちらが抵抗なく食べられますか?」の問いに対して「コンビニ」と答えた人は九〇・六％だった。また、他人の握ったおにぎりを食べることに抵抗が「ややある」「非常にある」を合わせると二五％で、四人に一人が抵抗を感じているという結果が出た。「他人が握ったおにぎりが食べられない症候群」『女性セブン』二〇一五年五月一四・二一日号。

10 近代化論から発生した町内会解体論（磯村 1953、奥井 1953、鈴木 1953）、そして前近代性・保守性を認めながらも伝統的な日本の集団と位置づける町内会文化型論（近江 1958、中村 1990）については、小山弘美 2011「町内会・自治会の変容とその可能性」『都市社会研究』：72 参照。また 菊池美代志は、菊池 2006「戦後町内会の機能と構造の変化」『ヘスティアとクリオ』2: 29 の中で、前出の中村八郎による旧来型の町内会の特色（①世帯単位の加入、②自動加入制、③多機能性（機能の未分化）、④保守性、⑤地縁性）に加え⑥コミュニティの施設管理を挙げて、現代的状況の中での再評価を行っている。

11 R. M. MacIver and C. H. Page. Society: An Introductory Analysis, Macmillan and Co., 1950, 5thImpression, 1957. p.215.

12 小笠原真 1976「アメリカ社会学史の一節——R・M・マッキーヴァー研究」『奈良教育大学紀要』25（1）人文・社会：110

13 二〇一一年一二月更新！ 一二のソーシャルメディア最新動向データまとめ https://gaiax-socialmedialab.jp/post-30833/ 2022/2/16 取得

14 http://www.soumu.go.jp/johotsusintokei/whitepaper/h27.html 2017/3/16 取得。

15 平成二七年版情報通信白書：214

16 http://www.nhk.or.jp/drama10/silentpoor/html_silentpoor_midokoro.html 2017/3/16 取得。

17 「豊中市社会福祉協議会 CSW と生活困窮者自立支援」http://www.pref.osaka.lg.jp/attach/18550/00156635/siryou1.pdf 2017/3/16 取得。

18 http://www.pref.osaka.lg.jp/chiikifukushi/csw/ 2017/3/16 取得。

19 川崎市健康福祉局生活保護・自立支援室 2013『生活保護からの脱却成功事例集「支えられて生きる 支えて生きる」』：12～16

20 社会的排除リスク調査チーム 内閣官房社会的包摂推進室／内閣府政策統括官（経済社会システム担当）2012「社会的排除にいたるプロセス～若年ケース・スタディから見る排除の過程～」：vi

21 村山浩一郎 2009「北九州市における小地域福祉活動の活動実態と課題に関する研究」『西南女学院大学紀要』13: 37

22 萩原優騎 2016「地域社会のレジリエンスとその条件——社会学の視点を中心として」『社会科学ジャーナル』82: 26

23 http://www.resilientus.org/ 2017/3/16 取得。

24 ロスマンは、一九六八年に三つのモデルを発表しているが、二〇〇一年に再定義している。Jack Rothman, John L. Erlich, John E. Tropman, eds. 2001 *Strategies of community intervention.* 6th ed. F.E. Peacock Publishers.

25 高良麻子 2014「社会福祉士によるソーシャルアクションに関する実証的研究」2011～13科研費報告書

26 渡邊かおり 2014「社会福祉教育におけるソーシャル・アクションの位置づけ――博士論文の研究を中心に」『生涯発達研究』7：76

27 高木博史・金子充 2005「ソーシャル・アクション再考――社会福祉運動と新しい社会運動の接続から生まれるもの」『立正社会福祉研究』6（2）：2

第5章

「沖縄」で問われたソーシャルワーク

髙木博史

1　自分の中で変化した沖縄のイメージ

沖縄といえば日本で唯一の地上戦が行われ、当時の戦争の悲惨さを現代に伝える戦跡が散在し、そして、今なお、米軍基地施設（関連施設含む）が集中しているというどちらかというと負のイメージもあるが、やはり、常夏の島、リゾートホテルが立ちならび、夜明けまで酒を酌み交わす陽気な人々に、青い海、青い空、スコールのような激しい雨、あるいは沖縄料理といった、多くの人が一度は行ってみたいと考えたことがある観光地のイメージが強い人も少なくないであろう。実際に、観光産業が盛んであり、観光地では、人々の気持ちを高めてくれるような仕掛けがいたるところに散りばめられており、気分を盛り上げてくれる。

筆者は、社会福祉施設での勤務の後、大学院を経て社会福祉士養成に携わっていたが、任期付きの職場であったこともあり、次の勤務先を探していたところ、沖縄の大学で公募があったので応募した。無事に採用され「憧れ」の沖縄での生活を想像しながら赴任することとなった。

表1　沖縄県民の暮らしの実態を示す指標

指標項目	調査時点	指標数値	全国平均	都道府県順位	備考
離婚率	令和2年	2.36%	1.57%	1位	
合計特殊出生率	令和2年	1.83	1.33	1位	
県民所得	令和元年度	239万6千円	334万4千円	47位	
月間現金給与総額	令和2年	256585円	318,405円	47位	
母子世帯割合	令和2年度	2.21%	1.16%	1位	
完全失業率	令和3年	3.7%	2.8%	1位	
有効求人倍率	令和3年	0.73%	1.13%	47位	
第2次産業構成比	令和元年度	17.39%	23.49%	45位	うち建設業構成比 沖縄 13.10% 全国 5.29% 2位
第3次産業構成比	令和元年度	82.08%	73.09%	2位	
事業所の異動　開業率	平成26～28年	8.18%	5.89%	1位	
事業所の異動　廃業率	平成26～28年	8.63%	7.72%	3位	
生活保護被保護世帯数	令和元年度	52.87	30.67	2位	千世帯当たり月平均
高校進学率	令和3年	97.69%	98.88%	47位	
大学進学率	令和3年	40.79%	57.37%	47位	

出典：沖縄県企画部統計課『100の指標からみた沖縄県のすがた』沖縄県統計協会、令和5年3月版より筆者作成）
https://www.pref.okinawa.jp/toukeika/100/2022/100(2022).html(2023年7月6日アクセス)

しかし、沖縄の人々の暮らしの実態が徐々に見えてきた頃から、こうした沖縄に対して持っていた「プラス」のイメージは変化していくことになった。

沖縄の人々の暮らしについて、まずは公表されているデータから考えてみたい。

表1は、筆者が、沖縄県企画部統計課が発行している『一〇〇の指標からみた沖縄県のすがた』から、県民の暮らしの実態を知るうえで参考になると思われる項目を集め作成したものである。

これらのデータから見えてくるものは、沖縄県民の暮らしは必ずしもゆとりのあるものではなく、むしろ厳しい状況にあるということである。たとえば、全国平均値から沖縄県民の実態を見てみると県民生活の豊かさの指標として最もよく用いられる県民所得については七二％程度、離婚率は約一・五倍で母子世帯割合は約一・九倍、完全失業率は約一・三倍、生活保護費保護世帯数は約一・七倍、第三次産業従事者が多く、第二次産業においては建設業が占める割合が約二・五倍となっている。とくに女性の貧困や景気の変動を受けやすい項目については、非常に厳しい状況となっていることがうかがえる[1]。

こうしたデータに表れているものの多くは、大学教員として働く中で学生たちの会話や生活実態を目の当たりにする中、日常的な実感として理解できたものでもあった。ひとり親世帯が少なくないといったことは、奨学金を受けたり、アルバイトをしなければ大学が継続できない状況になる学生も相当数にのぼっていたことなどからも実感できた。また、沖縄の不安定な労働事情を示唆していたものもあった。たとえば、「季節」ということばである。「季節」とは、春夏秋冬を指すことばではなく、「季節工（員）」あるいは「期間工（員）」といったいわゆる「出稼ぎ」という働き方をしている人々のことを指している。一定期間、本土（沖縄では内地ということが多い）に出稼ぎに行き、ある程度の貯蓄ができれば沖縄に帰省し、それがなくなればまた出稼ぎに行くという働き方である。当然のことながら、非正規雇用であり、景気変動の影響を直接的に受けやすいが、日常的な会話の中での「ことば」として定着している点では特徴的でもある。また、沖縄県では合計特殊出生率の数値が全国平均より突出して高くなっているが、実際に三～四人きょうだいの世帯も多く、多子世帯として生活が厳しい状況なっている。

こうして、沖縄に対して華やかなイメージを持っていた筆者の意識は、沖縄の持つ社会的背景に関心が移ることで、徐々に変化していくことになったのである。

2　独立型社会福祉士事務所の設立と実践

（1）独立型社会福祉士事務所の設立へ

筆者が沖縄で暮らしにも慣れ始めてはじめて二年を過ぎた頃、貧困問題に関するシンポジウムに参加したことがあった。「どんな人たちが来ているのだろうか、新しい仲間としてつながることができるだろうか」という淡い期待も持ちながらの参加だったが、このシンポジウムは、弁護士と司法書士が中心として開催したものだった。筆者は、「貧困問題といえば、社会福祉を専門的に学び実践している社会福祉士の出番ではないか？　なぜ、この集会に社会福祉士はいないのか？」と考えたが、そこに社会福祉士の姿はなかった。なぜ弁護士や司法書士が中心となって貧困問題にかかわってきたのだろうという疑問がわいてきたが、その答えはすぐに明らかになった。沖縄では弁護士や司法書士が多重債務者の支援活動に長くかかわってきており、そこから貧困問題を意識してきたという歴史があったのである[2]。

こうした経緯に、社会福祉士の養成教育に携わっている者として一抹の寂しさを感じたことが一つのきっかけとなって、同じ想いを持つ社会福祉士二名で地域に事務所を構える独立型社会福祉士事務所の発足に向けて準備をはじめ、二〇〇九年八月一日に正式に「開業」した。名称は、様々な事情を抱えていても生活再建のために一歩一歩着実に進んでいくことを支援したいという想いから、「社会福祉士事務所いっぽいっぽ」とした。

筆者たちが当時、まだまだ認知度も低く採算性も低いといわれていた独立型社会福祉士事務所の設立へ踏み切ったのは、ある経験が大きな力となっていた。筆者は、沖縄に移住する前に、埼玉県岩槻市でホームレス支援を展開していた「ほっとポット」の学習会に同僚とともに参加することになった。その後、「ほっとポット」はNPO法人化の話がまとまり筆者は理事に就任することになるが、大学を卒業したての若い社会福祉士たちが、地域でソーシャルワーク実践を行っている姿に刺激を受けたことが大きかった[3]。

次節以降では、この「社会福祉士事務所いっぽいっぽ（二〇一一年に特定非営利活動法人いっぽいっぽの会として法人化）」の実践を通して、筆者が現代日本におけるソーシャルワークに求められているのは何かということについて考えてみたい。

（2）貧困問題をみつめる

独立型社会福祉士事務所で、特に相談支援を中心とする実践をはじめてみると、生活困窮とそれをきっかけとする様々な生活問題が複雑にかかわりあっている事例がほとんどであった。そうした状況を受けて、二〇一二年度は国庫補助事業で沖縄県が実施する「ホームレス等貧困・困窮者の『絆』再生事業」を受託し、七月中旬の事業開始から年度末までに一五〇件を超える相談を受け、食料提供、緊急的な一時宿泊所の提供、家庭訪問・面談、就労支援や社会的孤立の防止を目的としたサロン開催などを行った[4]。

最近でこそ、独立型社会福祉士事務所が増えてきているが、採算の問題もあり、その多くは、成年後見業務を業務の柱としたり、スクールソーシャルワーカーや大学非常勤講師などとの兼業などによって何とか運営しており、委託事業等がなければ収入の目途が立たない貧困問題や生活困窮相談に直接的に対応していたところは当時としては珍しかったといえる。

こうした実践の中で筆者は、ソーシャルワーカーとして「権利擁護」のあり方や今日遂行されている社会福祉政策の見方について学ぶことができたように思う。

『現代社会福祉用語の基礎知識　第13版』によると権利擁護（＝アドボカシー）とは、「自分の権利やニーズを自ら主張するのが困難な人に代わってその権利やニーズを主張し、また自分で権利を行使できるように支援すること。日常生活自立支援事業にも見られるが、ソーシャルワーカーの重要な役割の一つと考えられている」[5]との説明がなされている。さらに「システムや制度上の問題から生じる共通のニーズを持つ人たちが、その必要とする福祉サービスや社会資源を得る権利を獲得できるよう、社会や体制の変革を求めていくものである」[6]とも述べられている。

実践活動の中でも大きなエネルギーを費やした生活保護申請の支援活動ではこうした役割を強く意識することになった。たとえば、生活保護を申請しようとした場合、窓口付近に申請書が準備されていないことが多く、まずは「相談」をしなければ、申請書の「存在」にたどり着くことができない。また、申請者の中には、高齢者や障害を持つ人、あるいは刑余者といった人も少なくない上に、「相談」の過程で申請を諦めさせられる、いわゆる「水際作戦」にも多数遭遇してきた。その際に「同行」支援は大きな力を発揮した。実践を始めた当初は、同行していても（窓口の担当者に）あまり相手にもされていなかったという状態だったが、弁護士などの他職種の方々と連携し、時には審査請求や生活保護裁判の支援なども含めた活動を重ねるうちに、私たちが同行することが分かれば、その時点で申請書の準備がされていることもあった。わずかなことではあるが「水際作戦」の実態に変化を起こすことができたのかもしれないが、一方で、「同行」しなければ、また同じことが繰り返されるかもしれない。「せめぎ合い」の繰り返しなのかもしれないが、もし、そこで諦めてしまえば権利擁護活動としての意味はなくなるだろう。

また、日常的な実践から感じたことや考えたことを、インターネットや雑誌、あるいは研究会や集会などを通じて社会的に発信していくことについても努力を重ね、沖縄の貧困をめぐる実態とソーシャルワーカーとしての役割と動きについて少しでも伝えようとしてきた。筆者たちの実践が実を結び、見える形で社会に

「変革」をもたらしたとまではいえないかもしれないが、事務所の名前に「いっぽいっぽ」と名付けたとおり、本当に一歩一歩の挑戦だった。

もう一つ、沖縄での体験で筆者の現在の思考に大きな影響を与えていると感じているものがある。それは、今日、盛んに叫ばれている「地域共生社会」政策[7]への疑問である。

沖縄には、「ゆいまーる」という地縁や血縁で助け合う＝相互扶助的機能ともいうべきものを表すことばがある。島嶼部であることも影響してか、多くの人が周辺に親戚や知人を持っており、少額な金銭の貸し借りは日常的に行われていて、本土に比べてハードルが低く気軽な感じで行われている。しかし、現実にはそれぞれが厳しい生活実態にあり、他者への支援ができるようなゆとりのある生活ではない。同一世帯に知人や親戚同士が同居や居候をしていることも多く、限られた「稼ぎ頭」に極度の負担がかかっている状態も珍しくない[8]。そのため、「稼ぎ頭」の収入が病気や事故など何らかの理由で減少したりすれば、「世帯丸ごと生活破綻」という状態までは時間の問題であった。「ゆいまーる」というと非常に暖かい響きがあるが、実際には、こうした「相互扶助機能」は、もはや「砂上の楼閣」ともいうべき状態になっていた。

それでも、知人や親戚関係であれば、一定の信頼感や安心感があるとは思われるが、沖縄以上に都市化や核家族化が進む全国の地域では、人間関係の希薄化がより進んでいることは容易に推定できる。

一九七〇年代後半から一九八〇年代前半にかけて、財政難を背景に家族や地域の助け合い文化を政策的に位置付けていこうと「日本型福祉社会」論[9]が提唱されたが、その焼き直しが、今日打ち出されてきている「地域共生社会社会」政策である。地域における相互扶助機能が事実上崩壊している沖縄の姿をみると、これが、日本の今後の社会福祉政策として妥当なものであるのかという批判的検証の必要性を強く感じている。

日本における社会福祉は、日本国憲法が規定する「生存権」や「幸福追求権」を基盤に公的責任において整備が進められてきたはずである。しかし、厚生労働省の取りまとめた「地域共生社会」の報告書[10]では、これらのことにほとんど言及はなされていない。

こうした「地域共生社会」政策について、日本社会福祉士会や社会福祉士養成を担う養成校が加盟するソーシャルワーク教育学校連盟は、諸手を上げて賛同している[11]が、筆者は、無批判にこの政策に追従することは、ソーシャルワークの方向性を見誤ってしまうことにならないかという大きな懸念を持っている。

社会福祉の最も重要な役割は生存権を国民の権利として保障することであり、それが公的責任であるにもかかわらず、「地域」の主体性に任せ、「公」あくまでも後方支援に徹するといった主旨が貫かれているこの政策の裏腹で、公的責任の縮減のためにソーシャルワークが手を貸すことになるようなことになってはならない。現在は、ほとんど議論にもなっていないが公的責任とソーシャルワークとのあり方については、日本社会福祉士会をはじめとする職能団体や社会福祉士養成校（教育）関係者、あるいは学会などソーシャルワーク業界全体で慎重に検討していくべきことではないだろうか。

（3）深刻な住宅問題

沖縄での実践を始めて筆者たちが次に直面した大きな課題は、「住宅問題」である。当時の沖縄県は、その地域性からか部屋を借りるときには（連帯保証人が沖縄から離れてしまうことを想定し）、「連帯保証人＋保証会社」という形が一般的であった。しかし、生活困窮者の多くが連帯保証人を立てられる状況になく、保証会社の審査をクリアすることが難しいことも少なくない。その結果、きわめて居住環境の悪いところで生活していているか、既に追い出されてしまってホームレス、もしくはホームレス「予備軍」としての生活を送っている場合もあった。また、生活困窮者への露骨な差別の存在も大きい。とくに家賃の滞納に対する警戒感はかなり根強く、「生活困窮」と聞いただけで入居を拒否される事例は枚挙に暇がなかった。

温暖な気候で凍え死ぬようなことはないにしても、生活再建に向けて「住宅」の本来の役割である安全で安心できる場所の確保すること、そして、就職や生活保護を利用する上でも生活の拠点を確立することは支援のプロセスにおいて、非常に重要な意味を持つ。住宅の確保が困難な人々の支援を行うためには、最終手段として自前で入居時の保証人が必要ない住宅を提供できることの必要性も感じていた。

幸いにも、当時の民主党政権時代には「新しい公共」というスローガンが打ち出されており、社会的起業などを支援する助成金（地域社会雇用創造事業社会的起業支援基金）を受けることができ、使用していない住居の一部を改装して居室の提供を開始した。運営資金は、基本的には家賃収入である。四部屋の提供だったが、満室もしくは三部屋への入居という状態が長く続き、ニーズはかなり高かったといえる。

こうした住居確保の取り組みは当時としては珍しかったこともあり、役所などから「貧困ビジネス」ではないかというみられることもあった。貧困ビジネスについて、湯浅誠は「貧困層をターゲットしていて、かつ貧困からの脱却に資することなく、貧困を固定化するビジネス」[12]と述べているが、具体的な指標が示されているわけでもなく、単に「生活困窮者を対象として何らかの報酬（ここでは家賃収入）を得る」[13]という側面のみで判断されていた部分もあるのでなないか。

住居提供に関して「貧困ビジネスの温床」といわれてきたものとして「無料低額宿泊所」の存在があり、連日繰り返される「貧困ビジネス」報道において、カップラーメンなどを「食事」として提供し、「食事代」

や「管理費」といった名目で生活保護費のほとんどを搾取してしまうといった悪質な事業者が横行している実態に、筆者たちの取り組みがダブってしまったことも考えられる。もちろん、筆者は悪質な貧困ビジネス事業者を肯定しているわけではない。むしろ、そうした事業者に対するアンチテーゼとしてのとりくみであった。

実際には、行政側が、住居確保が困難な人々に対して悪質な事業者を利用していることがある[14]ことも明らかになっている。

本来、安心して生活できる場が確保できるということは、生存権保障の基本である。住居確保が困難な人々の存在を単に「自己責任」の問題として片付けてしまってはいけない。ここにこそ生存権を保障する公的責任が問われているのではないだろうか。

近年では、こうした住居や部屋を提供するという形＝いわゆる「居住系」[15]の「貧困ビジネス」に対して新しい動きも出始めている。無料低額宿泊所への規制強化の方向性が打ち出される一方で、「日常生活住居支援施設」として行政が「優良」なものと認めれば、十分とはいえないまでも運営費の補助を行うというものである。こうした変化は、住宅が生活の拠点であり、「ハウジングファースト」の考え方が徐々に広まり、各地で地道に展開されてきた住居確保のとりくみの重要性が認識されはじめたからであろう。そうした意味では、既存の社会資源やサービスが十分でないところで、新たなとりくみやサービスをつくり、それが制度化されていくプロセスは、めざすべきソーシャルワークの方向性の一つを示している。

（4）制度のはざまの人々

沖縄での実践を続ける中で「制度のはざま」の問題には数多く遭遇することになった。「制度のはざま」問題とは、「生活に明らかな『困り感』を抱いていると思われても、それが制度のはざまにあるために専門的な支援が入りにくく、必要な支援が入らない、入れなかったケース」[16]である。たとえば、沖縄は車社会であり、車がなければ生活上かなりの制限を受けることになる。生活保護法には、自動車を所有している場合、保護を支給しないといった規定はなく、障害を持つ子どもの送迎や病気や仕事などで必要があれば車の所有を認めている[17]。しかし、実際の運用では事実上困難な場合がほとんどである。その結果、所得水準は生活保護制度が適用されてもおかしくない水準であっても車を手放せない状況にある人々も少なくなく、保護水準以下の生活を強いられていることもしばしばである。

こうした「制度のはざま」の問題へのとりくみは、既存の枠内での実践ではないので創造力や先見性が求められているといって良いだろう。

3　沖縄基地問題——平和と向き合う

沖縄における基地問題、あるいは平和の問題を考えることは、ソーシャルワーク実践を行う人々にとって大きな示唆を与えてくれる。本節では、ソーシャルワーカーとしてなぜ基地問題、あるいは平和の問題に関心を向けることが必要なのかということについて考えてみたい。

まず、沖縄に来て驚くことは、米軍基地とその関連施設の広さである。特に沖縄本島内では、至る所に米軍基地とその関連施設（米軍専用施設）が散在しており、沖縄県が作成している資料によると「国土面積の約〇・六％しかない沖縄県に、全国の米軍専用施設面積の約七〇・三％が集中」[18]していることが記されている。また、ここでいう「米軍専用施設（基地を含む）」とは、「専ら日米地位協定のもとで在日米軍のみにより管理、運営され、基本的にはその運用に国内法が適用されず、また立ち入り許可なども米軍の裁量によりなされる施設」[19]のことを指している。

沖縄に基地が集中している理由について、一般的には地理的、軍事的な理由と説明されてきているが[20]、同資料では、「本土では、日本が主権を回復した後も米軍基地が返還されずにそのまま米軍に使用され、米軍が起こした事件・事故等による米軍への不満が高まったこと、米軍基地拡張への反対運動が起こったことなどを背景として、沖縄への部隊移駐基地の整理縮小が進んだ一方、沖縄では米軍統治下において基地の拡張や機能強化が進み、復帰後も本土と比べて、基地の整理縮小が進まなかったことによるもの」[21]と述べられている。また、「沖縄の基地負担軽減について日本政府は『移設先となる本土の理解が得られないこと』を成果が出なかった理由の一つとして国会で答弁」[22]しているとある。

ここで私たちが考えなければならないことは、沖縄への基地の集中が単に地理的、軍事上の問題のみならず、「移設先となる本土の理解が得られない」という政治的決着の結果であるということである。新崎盛暉は、沖縄への基地の集中について、こうした歴史的・政治的事情を踏まえ、「日本・米国・沖縄、基地など様々な要素が織りなす構造において、沖縄への基地押し付けを中心とする差別的仕組みは、日米安全保障体制維持のための不可欠な要素とされてきた。そしてそれは、時の経過とともに、『沖縄への米軍基地に対する存在の当然視』という思考停止をも生んだ」[23]と指摘し、このことを「構造的沖縄差別」と呼んでいる。

この構造は、「（自分以外の）誰かが犠牲になることは仕方がない」といった考え方や、マジョリティのマイノリティに向けられる（差別的な）視線にもつながっているといえるだろう。

ソーシャルワークのグローバル定義には、「社会正義、人権、集団的責任、および多様性尊重の諸原理は、ソーシャルワークの中核をなす」[24]と明記されているが、基地問題を考えようとするならば、とくに「集団的責任」ということばについて留意しておく必要があるだろう。集団的責任とは、「人々がお互い同士、そして環境に対して責任をもつ」[25]ことであるとされているが、頻発する米軍関係者の犯罪[26]、基地内外における環境汚染[27]、あるいは軍用機の離発着による騒音[28]や墜落[29]の危険などが集中する基地被害は、沖縄県民の平穏に生活する権利を侵害する重大な人権問題だといえるのではないだろうか。

そして今、名護市辺野古への新基地建設が強行されている。筆者は、もちろん容認できないという立場だが、新たな基地被害を生み出す懸念を払拭することができない新基地建設をソーシャルワーカーとしてどのようにとらえていくのかが問われているともいえるだろう。

また、沖縄には現在でも多くの戦争の爪痕が残っている。ひめゆりの塔、沖縄県立平和祈念公園内にある平和の礎、あるいは各地に散在する壕《ガマ》といった戦跡は、観光地化はしているものの沖縄戦の当時の様子とその悲惨さを今日に伝えている。一方で、いまだに多量の不発弾が市街地を含めた地域の地下に埋まっているとされ[30]、発見されるたびに処理のために避難指示が出されるなど、危険や不安と隣り合わせの生活を送っている。

筆者にとって沖縄戦、基地問題、今日に残る戦争の爪痕とともに生活が営まれている沖縄での体験は、平和の尊さやソーシャルワーカーとして戦争とどう向き合っていくのかということを考える大きな契機となった。そして、それは、集団的自衛権の行使容認や防衛費の増大、武器輸出支援の強化[31]、あるいは核兵器禁止条約への参加を頑なに拒否する姿勢こそが「安全保障」であると言わんばかりの現代政治との関係を抜きにソーシャルワークが語れないことを改めて自覚することになった。

戦争は政治（権力）によって引き起こされ、ひとたび戦争が起きるとあらゆる人権が制限され、人間の尊厳やいのちが奪われ、戦争が終わっても政治（権力）によって押し付けられてきた沖縄の基地のような問題が残る。そして、そのしわ寄せは子ども、女性、高齢者、障害者、貧困者といった常に社会的に弱い立場に置かれている人々へ向けられる。「戦争は最大の人権侵害」であることを認識し、戦争にはっきりとＮＯの立場を示していくことが、ソーシャルワークの理念を体現していくことにもつながっていくだろう。

4　貧困・差別・平和——沖縄で問われたソーシャルワーク

二〇〇九年から二〇一六年までの七年間にわたる沖縄での実践において、貧困とは何か、差別とは何か、平和とは何か、という命題について考えさせられ、こうした問題に向き合っていくこと自体が現代日本のソーシャルワークの展開に必要なのではないかという思いを強くした。

確かに、ソーシャルワーカーの国家資格である社会福祉士の養成教育では、「倫理綱領」の学習で、貧困や差別、あるいは暴力（その最大のものは戦争）について一通りの言及はなされている。しかし、概して「一般論」としての扱いであり、それらの背景について深く学習するためのカリキュラムや仕組みが用意されているわけではない。一方で、たとえば、早くから貧困問題へのとりくみが見られたイギリスのソーシャルワーク実習指導者のためのテキストでは、反差別教育として「権力と差別」の関係性や文化や習慣の多様性をどう受け入れていくのかということについての学習が徹底して位置付けられている[32]。

筆者が沖縄に住んで貧困や差別、そして基地問題を目の当たりにし、ソーシャルワーク実践の拠点を構えたことで見えてきたことは、これらの問題が現代日本社会において深刻な社会問題となって表れているということである。

こうした状況にソーシャルワーカーはどう向き合っていくのか。そして、時には「権力」と対峙しなければ、人間の尊厳を守り、人権侵害を食いとめることができないという状況があるという現実をどう見るのか、それが沖縄での実践を通して投げかけられた大きな課題であった。

■註

1　根拠資料とした調査データについては、最新のものを使用したが、筆者が沖縄での実　践を行っていた二〇〇九年～二〇一六年の間の状況から数値的に劇的に変化したものほとんどなく、ほぼ同様の実態を示していた。

2　一九九六年に「沖縄クレサラ・貧困被害をなくす会」が結成され、弁護士や司法書士が中心となり多重債務者問題や金銭トラブルから生じる多様な生活問題に対応してきた。二〇〇六年の貸金業法の改正により、相談件数も減少し、二〇一九年に解散。一九九八年のピーク時には年間一一七五件の相談があった。（「クレサラなくす会解散」沖縄タイムス、二〇一九年五月一四日付）

3　藤田孝典・金子充編著 2010『反貧困のソーシャルワーク実践――NPO「ほっとポット」の挑戦』明石書店

4　高木博史 2013「沖縄における生活問題と生活保護の実態と課題――NPO相談支援活動から見えてきたもの」『総合社会福祉研究』42: 32-33

5 植戸貴子 2019「アドボカシー」成清美治・加納光子編集代表『現代社会福祉用語の基礎知識 第一三版』学文社：7

6 前掲

7 いわゆる「我が事丸ごと地域共生社会」として厚生労働省が推進してきた政策。地域で 起こる様々な問題を他人ごとではなく自分の問題としてとらえ解決に努力していこうという「共助」を前面に打ち出した政策。最近では、「我が事丸ごと」という文言は、ほとんど使用されなくなっている。

「『地域共生社会』の実現に向けて」厚生労働省 https://www.mhlw.go.jp/stf/seisakunitsuite/bunya/0000184346.html（二〇二三年七月一三日閲覧）

8 高木博史 2015「沖縄における反貧困ソーシャルワーク運動の展開と視点——貧困・差別・平和を見つめて」繁澤多美・高木博史編著『いっぽいっぽの挑戦——沖縄の貧困・差別・平和と向き合うソーシャルワーク』福祉のひろば：10-11

9 丸尾直美 1984『日本型福祉社会』日本放送出版協会

10 二〇一七年九月に、厚生労働省内に設置されていた地域力強化検討会が取りまとめた報告書「地域共生社会の実現に向けた新たなステージへ」によって今後の「地域共生社会政 策」の具体的内容が示された。

11 たとえば、地域共生政策を遂行するために令和二年六月に参議院厚生労働委員会に提出された社会福祉法の改正案について、日本社会福祉士会などの職能団体と日本ソーシャルワーク教育学校連盟が連名で発出した「地域共生社会の実現に向けた社会福祉士及び 精神保健福祉士の活用に関する附帯決議に対する声明」では、この地域共生政策の方向性 を「高く評価します」とする一方で、公的責任の縮減に関する論点などへ言及はなく、単に社会福祉士の職域拡大と各種事業における人材の活用を主旨とするものに留まっている。 https://jfsw.org/wp-content/uploads/2020/06/statement20200612.pdf（二〇二三年七月一六日閲覧）

12 湯浅誠 2009『岩盤を穿つ——「活動家」湯浅誠の仕事』文藝春秋：114

13 筆者が「福祉」のイメージからくる「自己犠牲」や「愛」「ボランティア精神」といったことばに引きずられ、生活困窮者に対して経費を含む何らかの報酬を受け取ること自体がはばかられるような雰囲気があることを指摘した。

高木博史 2012「『貧困ビジネス』概念に関する検討——生活困窮者支援の実践を通して」『長野大学紀要』34（1）：3-5

14 風間直樹「『大規模無低』を結局温存する福祉行政の大罪」東洋経済オンライン https://toyokeizai.net/articles/-/294827（二〇二三年七月一三日閲覧）

15 筆者は、今日における貧困ビジネスの類型として①「金融系」、②人材派遣系、③居住系」、④その他（保証人ビジネス、ネットカフェ等①～③の周辺ビジネス等）の四種類に類型化を試みた。

16 高木博史 2012「『貧困ビジネス』概念に関する検討――生活困窮者支援の実践を通して」『長野大学紀要』34（1）：2頁
高木博史 2015「沖縄における反貧困ソーシャルワーク運動の展開と視点――貧困・差別・平和を見つめて」繁澤多美・高木博史編著『いっぽいっぽの挑戦――沖縄の貧困・差別・平和と向き合うソーシャルワーク』福祉のひろば：36

17 「厚生労働省通知徹底活用　自動車を持ちながら生活保護を利用するために！　Q＆A」生活保護問題対策全国会議 http://66257b062be733.lolipop.jp/210713carQ&A.pdf（二〇二三年七月一三日閲覧）

18 「第2章：米軍基地の現状と日米地位協定」『沖縄から伝えたい。米軍基地の話。Q&ABook　令和五年版』沖縄県ホームページ：4-5　https://www.pref.okinawa.lg.jp/site/chijiko/kichitai/tyosa/documents/ r5_qa_book_q4.pdf（二〇二三年七月一三日閲覧）

19 前掲

20 前掲：7

21 前掲

22 前掲

23 新崎盛暉 2012『新崎盛暉が説く構造的沖縄差別』高文研 1: 12

24 「ソーシャルワーク専門職のグローバル定義と解説」社会福祉専門職団体協議会（社専協）国際委員会、二〇一六年三月 https://www.jacsw.or.jp/citizens/kokusai/IFSW/documents/SW_teigi_01705.pdf（二〇二三年七月一三日閲覧）

25 前掲

26 令和四年一二月末の確定値で五四件となっている。沖縄県警察統計「05_刑法犯米軍人等犯罪総数（R05_05月末）」https://www.police.pref.okinawa.jp/docs/2023060800012/file_contents/05_R05_05.pdf

27 「基地環境」沖縄県ホームページ　https://www.pref.okinawa.jp/site/kankyo/hozen/taiki/base/index.html（二〇二三年七月一三日閲覧）

28 前掲

29 二〇〇四年の普天間基地にも程近い沖縄国際大学への米軍ヘリの墜落は、教育機関への墜落ということもあり、その危険性を改めて認識させるものであり、全国に衝撃が走った。

30 「宜野湾市消防、秘書広報課撮影写真」宜野湾市ホームページ　https://www.city.ginowan.lg.jp/soshiki/kikaku/4/1/2/1/2307.html　沖縄における未発見の不発弾は約一九〇〇トンと推計されている。（二〇二二年現在）「不発弾「一日一件以上」…一九〇〇トン未発見　死傷者も」読売新聞オンライン、二〇二二年五月一四日付　https://www.yomiuri.co.jp/national/20220513-OYT1T50379/（二〇二三年七月一四日閲覧）

31 政府与党が、防衛装備移転三原則の運用指針見直し、殺傷能力のある武器輸出の拡大を目指した動き。「（社説）武器輸出緩和　殺傷兵器は容認できぬ」朝日新聞、二〇二三年四月三〇日付　https://www.asahi.com/articles/DA3S15624896.html（二〇二三年七月一四日閲覧）

32 ゾフィア・T・ブトゥリム著　川田誉音訳 1986『ソーシャルワークとは何か――その本質と機能』川島書店

■参考文献

浅井春夫 2016『戦争をする国・しない国――ふくしの思想と福死の国策』新日本出版社

繁澤多美・高木博史編著 2015『いっぽいっぽの挑戦――沖縄の貧困・差別・平和と向き合うソーシャルワーク』福祉のひろば

稲葉剛 2009『ハウジングプア――「住まいの貧困」と向き合う』山吹書店

稲葉剛・小川芳範・森川すいめい編 2018『ハウジングファースト――住まいからはじまる支援の可能性』山吹書店

丸尾直美 1984『日本型福祉社会』日本放送出版協会

成清美治・加納光子編集代表 2019『現代社会福祉用語の基礎知識　第一三版』学文社

新崎盛暉 2012『新崎盛暉が得構造的沖縄差別』高文研

高木博史 2013「沖縄における生活問題と生活保護の実態と課題――NPO相談支援活動から見えてきたもの」『総合社会福祉研究』42

高木博史 2018「『我が事丸ごと地域共生社会』と社会福祉士養成教育の展開と課題」『ソーシャルワークぎふ』岐阜県社会福祉士会

高木博史 2012「『貧困ビジネス』概念に関する検討――生活困窮者支援の実践を通して」『長野大学紀要』34（1）

高木博史 2013「生活困窮者支援における『生活の拠点』づくりの意義と課題――沖縄・NPOによる住居確保のとりくみから」『長野大学紀要』35（1）

高木博史 2012「沖縄県における生活困窮者に対する社会福祉士の支援付き住宅のとりくみ」『地域研究』10
山口道宏編著 2010『申請主義の壁！――年金・介護・生活保護をめぐって』現代書館
湯浅誠 2009『岩盤を穿つ――「活動家」湯浅誠の仕事』文藝春秋
ゾフィア・T・ブトゥリム著　川田誉音訳 1986『ソーシャルワークとは何か――その本質と機能』川島書店

第2部　ソーシャルワーク理論と養成教育

第6章

「政治性」を忘却した理論はどこへ向かうのか

ソーシャルワーク、社会福祉の理論的視座

旭洋一郎

1　社会福祉・ソーシャルワークの立ち位置について

社会福祉、ソーシャルワークは、ミクロからマクロレベルどのレベルにおいても、政治的イッシューである。それが個人的、社会的、地域的問題の解決・緩和にむけた支援に適切に結びついていれば、大きな問題にはならない。

私はいつの頃からか生きづらさと社会に対する疑問を感じていた。障害当事者という立場からであろうか。それゆえ、私はまず、社会福祉サービスの利用者として社会福祉にかかわりがあった。

そしてそののち、社会福祉専門職養成に携わることとなり、このことによって、より細かく、かつ具体的に、社会、社会福祉に対して、ある種の違和感をもつようになった。この個人の状況と視界から、この小論は自由ではない。

そして現在、生きづらさと社会に対する疑問を形成するものと、社会福祉の領域で感じる違和感は、どこ

かで通じているのではないか、あるいはおなじものではないかと直感的に考えている。真木悠介は『気流の鳴る音』の中で次のように述べている。「唖者《ママ》解放の問題は、健康者のつんぼ《ママ》性からの解放の問題だ」[1]と。用語に差別的表現があるが、主張の真意には関係ない。なぜ「健康者」が「聞こえなく」なっているのか、そのことに無関心で無感覚な議論にぼくは興味が無い。「聞こえない」という現象の一方だけの議論、分析、追究ではなく、もう一方の存在とその背景も視野に入れ、両者の関係性の本質構造を問わなければならないはずである。

その上でこれから論述する内容を結論的に先に述べれば、今、現在、社会福祉の理論的視座に求められている課題は、複雑になったといわれる生活困難の認識把握の上で、認識枠の機序を整理することである。換言すればミクロレベル、メゾレベル、マクロレベルの有機的つながりの再整理である。

現代社会に存在する様々な生活困難は、社会的背景、利害、その生起させるトリガーが複数あり、それらが複雑に絡み合い、従ってこの認識枠組も、またその解決・緩和に向けての支援的介入も簡単ではない、という言説が、福祉サービス、ソーシャルワークの全ての前提になっている。

しかし、この「複雑さ」は、人間存在そのもの、社会そのものにもともと存在するのであって、諸要素の内容に変化や疑似市場ミックスした福祉サービス制度の複雑化はあるが、社会構造的な変化がどのようにあったのだろうか。生活の生産と消費という過程がかわったのであろうか。人間社会に大きな変化が生じ、認識枠組みの機序を変える必要がどこまで生じたのか、検証する必要はないのか。むしろ、「複雑化した」という理解によって、これまでの認識枠組を変えることそれ自体が目的ではないかと、ひとつの政治性の存在を感じる。

また、複雑化に対応し、ソーシャルワークの専門性向上が技術の精緻化とともに追求される傾向にあるが、専門性とは目的ではないはずである。その技術の精緻化は、当事者サイド、利用者サイドからすれば、ソーシャルワークが有する一面、「ある種の得体の知れ無さ」、つまり政治性の増大に繋がる。改めて、認識枠組の機序、優先順位を、政治性を前提にもう一度、整理することが必要であり、本章の基本的テーマである。

この機序の整理によって、現在展開されている様々なソーシャルワークの実践や福祉サービスの提供による介入・支援が、どのようなところにあり、何が必要であり、つまり、政治性をもともとはらんでいることを提示し、社会福祉、ソーシャルワーク理解の気づきを促すことが本章の目的である。

かのシーザーは「人間はみな自分の見たいものしか見ようとしない。」と述べたそうである。おそらくこれから論述することは、このシーザーの言説に沿ってしまうだろう。ただ、私の見たいことは、あるいは述べたいことは、多くの人の見たいものと「違う」のである。

2　市民的気づきと社会福祉の理論的視座

日々、目の前に突き付けられる支援の課題。毎日のルーティンになっていることもあろうし、突発的なこともあろう。あるいは、大事なことであると理解しているが、解決する方法・社会資源が今は見つからず先送りになっていることもある。福祉サービスの提供に携わる者は、ただサービスを利用している人たちの日常生活（暮らし）が安寧に経過することが、第一の職務上の望みであり、目的である。

しかし、よく考えると日常生活の安寧が社会福祉支援の最大公約数的な目標であるならば、その日常生活の支援は、厳密に言えばそう簡単なことではないことがすぐにわかる。たとえばこのようなことがある。

財政難によって、二〇一七年度から介護保険における要介護認定で「要支援1、2」に該当する高齢者は、「より重度の高齢者へのサービスを手厚くするため」、今まで利用できたサービスが限定される。これを利用者に伝えるべく、行政、介護事業者など四人がある利用者宅を訪れた。彼らは利用者の「要支援の状態」を確認し、来年度よりサービスを変更（事実上停止）することを伝えた。

伝えられた九〇歳を超す利用者は、「高齢は考慮されないのか」、「現在のサービスを利用して一人暮らしが出来ている」と訴えたが、今の状態では、「決まったこと」を繰り返すのみであったという。

サービス提供者にとっては「日常」的業務で制度変更を伝え、二〇一七年度に向け、新たなケアプランを作成する。

一方、伝えられた利用者は、半年後からの生活に不安を覚えつつ、諦めの思いを周囲に伝える。利用者の安寧な「日常」は打ち切られる。

その場にいわゆるソーシャルワーカーが係わっていたかはわからない。しかし、このサービス提供者と利用者の「日常」の乖離を招くのも今の社会福祉の現場である。利用者の安寧確保が支援業務の目標に簡単にはならない一例である。

また、こうしたサービス提供者と利用者の「日常」の乖離は、地域で暮らす重度の身体障害者の介護支援にも見られる。地域生活の先駆は、一九七〇年代、施設生活が当たり前の時代、障害者運動の一形態として生まれた。それは地域で暮らす基盤、つまり、住居、介助、所得、移動の保障を巡る闘いであったが、現在でも、特に「介助者不在の穴」問題は、疑似市場化された福祉サービス供給システムでは、「穴埋め」されない事態があちこちで見られる。サービス利用等計画を調整したコーディネーターが中心となって介護事業者、行政を交えて支援会議、調整会議を開こうとしても、或いは、開いても、話し合いが成立しない、合意が履行されない現実が壁となり存在する。一刻も猶予がない場合には、緊急的対応を取らざるを得なく、結局のところ、地域生活の継続が困難な事態になる。枠組みのない「多元化」がもたらした「大きな穴」といえよう。

ところでこの乖離、困難や課題、存在する「生活（暮らし）」は、そのサービス利用者の個別性と同時に個人を超えた社会におけるマクロレベルの、個人生活を支え、かつ影響するいわば共通性がある。この「社会的共通性」は、経済を支え、作り、実感する場としての機能であり、歴史という時間が流れていく場の機能であり、様々な人間関係という力が作用する場という機能的側面である。

加えて、個別性を作っている、生活当事者の存在も当然ながら無視できない。

生活当事者は個別性という主体性を有し、様々な人間関係や社会的共通性から影響を受けつつ、そのリアクションは独自性と社会を構成する単位としての役割を果たす。つまり、生活当事者が経済変動や政治の影響をうけ、利害が錯綜する場で、主体性が発揮されることが生活であることも忘れてはならない。

人々（生活当事者）の生活は、個別性とこの社会的共通性が作用する、いわば作用点にあるといってよいであろう。その作用点は互いの動きと生活当事者の意欲、主体性、リアクションによって、複雑に干渉し合う。従って、生活に課題や困難がある場合には、個人の個別性や日常性だけを追うことは実際できず、社会的共通性をまずみなければならず、場合によっては、先の例のように乖離や疑問を招くこともある。現代社会に生きる私たちは、好き嫌い、関心・無関心にかかわらず、個人の生活にかかわる社会的共通性の存在に気づかねばならないわけである。

この点を踏まえて、社会福祉理論の意義を論じる中で、社会福祉史、社会福祉思想史の研究者である吉田久一は『日本社会福祉思想史』の中で、「（社会福祉は）実践認識をとるといっても、理論を軽視すべきではない。政策にしろ、サービスにしろ、社会福祉は日常性が濃厚なため、たえず日常性追随の危険の中に置かれる。そして社会福祉の歴史は、その曲がり角で、時の政治や行政に引きずられてきた経験を幾度か繰り返した。その歯止めは、優れた社会福祉理論以外にない」[2]とのべており、社会福祉実践が日常性に引きずられてしまう危険性とそれが歴史的に繰り返され、その歯止めとして優れた社会福祉の理論が必要であると指摘している。付言すればここで述べられている「社会福祉理論」は、社会福祉の本質を把握する知識体系の枠組と一定のその見解を指すのであって、社会的共通性を抽出する機能を持つものである。いわゆる、ミクロレベル、メゾレベル、マクロレベルの有機的かつダイナミックなつながりの視点が重要であることを強調しているとも理解できる。

日常性追随の危険性とは、サービスを利用している人たちの日常生活（暮らし）が安寧に日々経過すること以外に関心を向けないこと、もしくはルーティン化された業務の遂行以外に関心を持たないことである。ニーズを形成している主要因、乖離を招く原因が制度的不備や社会資源の不足、政策変更にあっても、そのことに頓着しないこと、できないことであり、サービスや暮らしに影響する社会や政治の重要な選択的な場面で、政策や制度変更に無関心になることである。つまり、生活の社会的共通性に注意関心を払わないことである。このことが歴史的に繰り返されたと述べている。そしてまた今、日常性と「社会的共通性」との作用点とその影響を見る社会福祉の理論が必要ではないか、と吉田は危惧を表明していると読み取れる。

優れた社会福祉の理論とは、日常の暮らしとその社会的共通性を見据える視座を提供する知識の体系――パラダイム（考える枠組み、基準）である。言い換えれば、何が課題で、本質的問題がどこにあり、どのように解決すべきなのか、理解する認識枠組み、考えるときに優先順位をさだめる基準、視座である。換言すれば、日常の暮らしの課題とその社会的共通性の課題を見据える視座を提供する知識といえる。この気づく力を「市民的気づき」と言い換えても良い。優れた社会福祉の理論を持つことは市民的気づきを促すこととなり、何を重視し、誰の言葉を聞き、どう支援していくか、制度変更を含めた課題にどう取り組むのか、示唆される。

だが、反論が予想される。福祉サービス提供者は、個人とその人格を尊重し、様々な人権擁護の取り組みをし、誰もが助けあう共生社会実現のために、相互に研鑽を積み、倫理規定を設け、それを守り、日々努力している。個別的な生活相談支援も行っている。単なる「日常性追随」ではない。無用とは思わないが抽象的な「社会福祉理論」よりもこうした取り組みのほうがより現実的ではないか、これも市民的気づきではないか、と。

確かに福祉専門職や支援に携わる人々は、倫理規定を遵守し、忙しい中、研鑽を積んでいることは社会福祉を知る人々には知られている。その努力は確かに評価される。またその知見は尊重されるべきである。

しかし、では、改めて問う。人権擁護にせよ、共生社会実現にせよ、何故、経済合理主義、効率性重視のグローバルな資本主義社会にあって、生存権などの人権は守らねばならないのか、経済利益優先と共生社会実現はどう調和をはかるのか。その方法は何か。この問いに「倫理規定、人権擁護」遵守と支援技術だけで答えられるであろうか。対応できるであろうか。人権が守られ、共に生きていく社会が構築できるであろうか。そうした問いを基本的ジレンマとブラックボックスにしまい込むことでは済まされない。

一人（だけではないが）の人間と支援者が取り結ぶ関係において、福祉サービスの諸制度、支援技術、利用者理解の技術、アセスメントの方法、エンパワメントの方法、支援計画立案の方法等、それ以外に、社会福祉実践者はこの基本的な問いに答えられる見識を持つ必要がある。ひいてはそのことによって支援の方法が変わってくるはずである。支援の優先順位が変わってくる可能性がある。「利用者、当事者に寄り添う」本当の意味を知るはずである。つまり最大の課題は、社会的に構造化された格差や差別、排除に気づくか否か、広い意味での政治的課題を忘れた日常性追随の危険性こそ、支援専門職において避けねばならないはずである。

ここまで書いた時に、神奈川県にある知的障害者支援施設「津久井やまゆり園」であってはならない殺傷事件が起き、一九名の利用者が亡くなられた。

詳しくはここでは記さないが、元施設職員が施設利用者を殺めるという考えられない事件である。現段階で断定的な評価はできないが、背景として指摘されることは、効率性を重要視する社会、支援施設そのものの存在、支援労働のあり方など指摘されている。特に容疑者の言動からこれは「ヘイトクライム」であり、「優生思想」の影響を指摘する声が強くある。

この事件について個人的感情を述べれば、いくらでも事件の容疑者を非難する言葉を吐けるがしかし、それですべての感情を言い表しているかといえば、そうではない。今まで信じていた社会の仕組み、価値観、進む方向のようなものがガラガラと音を立てて崩れさり、どこかの陰の奥にしまってきた「やはりそうなのか」という言葉が大きくはっきり現れ、それに戸惑い、どうして良いかわからない、言語化できない、不安と不全感の方がはるかに大きかったのでなかろうか。

事件後、障害者支援施設関係者・行政からは、措置入院退院後の対応の見直しやセキュリティ強化や緊急時の手順が具体化されつつある。施設現場では、監視カメラが設置され、正門等出入り口の施錠される時間が延びるといったことが見られる。しかし、これらの対策が最適解でないことは明らかであり、先の個人的感情には全く響かない。

「施設と社会」といった、かつて一時考えられた「施設存在」を問う声は、日本において障害当事者や研究者からであって、支援専門職からはあまり多く聞かなくなった。実際的ニーズ、職域にかかわることの問いは困難なのであろうがこれは単純に考えて、本質的課題に向き合うことなのだろうか。日常性の努力は、たとえば近代社会の「一面的発展」に貢献した「優生思想」に無力ではないか、と言わざるをえない。

ここにおいても「日常性追随の危険性」を防ぐ、市民的気づきと人権意識というアンテナを高くあげねばならないと思われる。そして社会福祉の理論という受信機が、しかもできる限り感度が良く、課題と解決方向をキャッチできる受信機が必要なのである。

しかし、今、私たちの手近にある理論は、ミクロ、メゾ、マクロと機能分化された理論であって、それを状況に応じて使い分け、組み立て利用し、それは結局のところ、生活課題の解決・緩和につながったとしても、それ以上の実践、纏め、振り返りが行われないならば、現状追随型の理論になるのではないだろうか。あるいは、実際の政治的‐マクロ的議論に現実的な日常的課題の関連性を見いだせない、関係がわかりにくくなるのではないか。

二〇〇七（平成一九）年に「社会福祉士及び介護福祉士法」の改正に対応した、いわゆる養成校の「新カリキュラム」では、業務拡大にあわせ（期待され）、理論的考察を促す科目や説明が削減された。代わりに実習指導・演習が強化され、より実践・現場に即したかたちにしたとはなっているが、それを方向付けた理論基盤が明確になっていない。例えば、社会福祉士国家試験指定科目である「現代社会と福祉」の標準的なテキストの内容は、それまでの「概論」、「歴史」、「原論」の部分をまとめ、加えて社会福祉にかかわる様々な学問分野の知見を集めた内容である。近代社会の形成と特徴、人権の発展、社会的課題、政策制度的変遷等は説明されているが、第二次世界大戦後、議論されてきた日本の「社会福祉理論」の詳述はなく、理論的基盤をなす歴史的パラダイム思考を促すことはあまり考慮されていない。個々の支援の場、その機能の説明に必要な技術や知識を組み合わせ、その技術の理論が採用している「支援現場」を反映したかたちになっている。現実的といえば確かだが、ソーシャルワークの実践には、日常性の追随だけではない、日常性の気づきと改革的行為が必要であって、一面的説明であろう。

日本はＯＥＣＤ加盟国の中で、勤労世代において八番目に貧困率が高い国である。現在、「女性の貧困、子どもの貧困」が社会的に特に注目されている。それらには、離婚、ＤＶ、シングルマザー、非正規雇用の広がりなどがからみあっているが、その背景をなす「社会的共通性」がある。この「社会的共通性」に気付き、その内容の分析や支援の方向を判断ができるのは、支援技術の理論だけでは十分ではないことは明らかであり、支援の仕組みを形成する知識でもない。この理論的視座の役割を持つことがまず重要ではないか。つまり「社会福祉の理論」が必要なのである。

社会福祉、ソーシャルワークは、現代社会において必要不可欠な社会制度であり実践体系である。ただ、それは公的であればあるほど、制度を運営する行政サイド、それを実際に支援に結びつける実践者（民間サイド）、そしてその支援を利用する利用者、この三者間において微妙に、支援というベクトルが異なることがある。場合によっては利害対立さえおきる。それゆえ、この状況にあっても、この状況がゆえに、この状況を理解し、改善策の検討には、マクロ的な理論的視座も求められ、かつ、必要である。

3　「ベルリンの壁」崩壊と社会福祉基礎構造改革

社会福祉とは何か、その本質に立ち返って理論的視座に関する記述がなぜ細分化し、「複雑なる生活課題」が強調されるようになったのか。それは、日本の政治的環境の変化、とりわけ、急速に進行した少子高齢化社会にむけての対応、経済政策、社会政策において基調をなした新自由主義の影響が大きい。具体的にいえば、「社会福祉事業法」改正、「社会福祉士及び介護福祉士法」制定、改正等、「社会福祉基礎構造改革」が結果として影響を与えたことは間違いない。

ここではその経過を確認しておこう。この確認整理のため3点にまとめて述べていく。

一点目は「ベルリンの壁」崩壊に象徴される社会主義体制の事実上の崩壊と関連して強化されたグローバリズム資本主義、二点目は、少子高齢化社会に対応した社会福祉供給体制の改変（社会福祉基礎構造改革）である。そして三点目は前二点がいずれもマクロレベルの歴史であるが、最後にこのマクロレベルの歴史がどう利用者サイドに受け止められたか、受け止められていなかったか、を述べる。

（1）「ベルリンの壁」崩壊とは

ドイツの首都、ベルリンは第二次世界大戦後、東西冷戦下において、東ベルリンと西ベルリンに長く高い壁によって分断（一九六一年－一九八九年）されていた。西ベルリン（飛び地）は、西ドイツ（ドイツ連邦共和国：資本主義国）に属し、東ベルリンは東ドイツ（ドイツ民主共和国：社会主義国）の首都であった。両市民は自由に行き来が出来ず、東ベルリンの市民が国境を越えようと壁をよじ登ったが、多くの市民が阻止され亡くなっていた。

その東西ベルリンを分断していた壁が、東ドイツ政府が一九八九年一一月九日に国境ゲートを開け、市民の自由通行を認めたことにより、翌一〇日、市民によって壁が破壊されたのである。破壊される様子が全世界にテレビ中継され、壁を破壊する市民の姿は、自由を勝ち取った喜びにあふれていた。これによりやがて東ドイツの西ドイツへの併合（東ドイツの消滅）に繋がった。

社会主義国の優等生といわれていた東ドイツが破綻、消滅したこの流れは、二年後、ソビエト連邦共和国の政変を招き、共産党一党独裁であった政権が倒れ、新たにロシア連邦共和国が成立する。また雪崩のように東ヨーロッパの国々の共産党政権が倒れていった。これをもって「東西冷戦」が終結する。

「東西冷戦」とは、資本主義諸国と社会主義諸国との軍拡競争や経済対立であった。そしてこの「ベルリンの壁崩壊」は、この冷戦が資本主義陣営の勝利という形で終結した象徴的出来事であり、世界史的意味をもっていた。なぜか。

社会主義という壮大な実験は結局失敗に終わり、もう、その存在を気にすることはなくなったのであり、資本主義経済の（皮相的な）優位性が証明されたとされたからである。

社会主義は、資本主義社会の持つ基本的な課題、つまり、富の蓄積とともに広がる貧富の格差があり、それをなくそうとする思想と運動によって、二〇世紀のはじめに誕生した。一九一七年「ロシア革命」によってロシアにおいて「ソビエト連邦共和国」が成立した。従ってそれ以後、資本主義諸国は、資本主義経済を否定するソビエト連邦共和国の存在に脅威を感じるようになり、貧富の格差や労働者の生活により無策ではいられなくなった。この基本的な課題を放置すれば、ロシアの二の舞いになってしまい、資本主義経済体制が破壊されてしまう。これは資本主義国にとって絶対に避けねばならないと考えられた。

資本主義諸国は、この経済体制を維持しようと智恵をしぼり、特に第二次世界大戦後実行していく。社会主義ではなくても貧富の格差は是正できる、富の再分配を充実すれば労働者の生活は安定すると、社会保障制度や労働者保護（社会政策）を充実させる対応をとった。その一つの政策制度パッケージが「福祉国家」政策である。つまり第二次世界大戦後、東西冷戦下において、社会福祉制度が資本主義諸国で程度の差はあれ充実してくるのは単なる偶然ではない。

日本においては明確に福祉国家を政策理念に掲げたわけではなかったが、社会福祉制度は一九六〇年代にはじまった高度経済成長に裏打ちされ、一定の制度拡充をはかる。一九七三年、政府自ら「福祉元年」の宣言をし、充実策を示した。しかし、同年、皮肉にも「第一次オイルショック」が起き、経済成長にブレーキが掛かり、社会福祉に関する国の計画は頓挫を余儀なくされた。

これ以降、低成長下の「福祉のあり方」は、政治的課題、国民的議論になり、政府・与党から「福祉見直し」論や「日本型福祉社会構想」が打ち出される。一九八一年「第二次臨時行政調査会」（土光臨調）の設置など、結局、再分配政策の見直し、民間セクターの活用、市場の規制緩和に向かっていき、日本の社会福祉政策制度は、いわば完成型を示す前に見直しを迫られる状況となる。つまり、この時点では、ヨーロッパ発の「福祉国家論」は理念として語られるにとどまった。そして一九八〇年代後半に先ほども述べた「ベルリンの壁崩壊」によって象徴的に示された、資本主義諸国にとって「社会主義」という脅威は実際的に消える事態を迎えたのである。

マイケル・サンデルは、この時期を評し、「二〇〇八年の金融危機に至るまでの数年間は、市場信仰と規制緩和が社会を陶然とさせた時期――すなわち、市場勝利主義の時代だった」[3]とのべている。サンデルは、この傾向を一九八〇年代からはじまり、アメリカのレーガン大統領とイギリスのサッチャー首相が「政府ではなく市場こそが、繁栄と自由の鍵を握っているのだ」の考えが基本であるとのべ、その流れの中に当然ながら日本もあった。

当時の中曽根政権は、土光臨調の答申を受け、公営事業であった日本電信電話公社（一九八四年）、日本専売公社（一九八五年）、日本国有鉄道（一九八六年）をそれぞれ民営化する。また「労働者派遣事業の適正な運営の確保及び派遣労働者の保護等に関する法律」（一九八五年）を制定し、いわゆる、派遣労働、非正規雇用が一般化する契機となった。その後この法律が対応する業種を拡大していき、結果的に労働者の収入と生活が不安定になる。

一方、オイルショックにより経済成長が鈍化すると日本経済は内需から貿易に軸足を移していた。一九八〇年代の日本の対アメリカ貿易では黒字が増していた。そこにいわゆる「バブル景気」が起きる。

日本の不動産「バブル」の発生と崩壊には諸説あるが、まず、一九七〇年代から日本の対アメリカ貿易は黒字が続いており、アメリカの貿易赤字解消策のための「プラザ合意」（一九八五年）があげられ、そのもとに行われた「円高ドル安」誘導策が引き金になり、当然ながら急激に日本の輸出企業にダメージを与えた。これを見た日本銀行は公定歩合を一九八七年に五％から二・五％に下げると、民間銀行は、利益のために企業や個人に融資促進策を取る。日本の土地神話（安定的で必ず利益を生む資産）がそこに重なり市中にあふれた「お金」は土地等の不動産売買に向かった。三〇〇〇万円の評価額しかない物件に四〇〇〇万円を貸し出し、それを五〇〇〇万円にあげても売れる。このように儲かる以上、借金をしてまで土地やマンション等を買いあさる現象が日本全国に見られた。まさにバブル（泡）であったが、現実にそのもとで資産を増やす者もいた。週末になると強烈なサウンドの中で踊る若者が繁華街に見られ、「地上げ」屋もまたあらわれ、土地を買い占めていた。

このように一九八〇年代後半、「バブル景気」（一九八八年－一九九一年）と呼ばれる主に不動産売買の「好景気」に沸き、一人あたりの国民所得は一九八六年にアメリカを抜いた。所得の上昇は生活保護の保護率も下げた（一九九〇年：〇・七二％）。もはや社会福祉にとって貧困問題は主要な課題ではないとまでいわれた。好景気という社会的共通性が個別的な人々の暮らしと日常性に影響を与えたのである。

しかしながら、「バブル景気」は長く続くものではなかった。インフレを警戒する政府・日本銀行は「不動産融資総量規制（一九九〇年三月－一九九一年一二月）」と「公定歩合の引き上げ：二・五％→六％」（一九九〇年）を実施する。これにより加熱した不動産投機ブームにブレーキが掛かる。一九九一年春、「バブル景気」は終息する。

この後、日本は長い不景気の状態に陥る。日本の資本主義経済は基本的にスタグフレーションという病いから抜けておらず、公定歩合を下げても、景気の好循環は生まれず、順調な経済運営ができる状態ではなくなった。非正規雇用が増え、働けど給料・賃金があがらない、しかし、物価はあがるといった、国民の一般的な生活困難が拡大した。

繰り返すが、もはや社会主義の脅威は無く、労働者の生活保障を政治の優先課題とする必要はなくなり、あからさまに、「利潤の確保」に経済政策の舵を切り、不景気の中でも利益確保を狙う。それまでのように所得の分配に配慮し、市場原理に規制を掛けるのはあやまりであり、なるべく市場原理に忠実な、あるいは活かす「新自由主義」政策が次々と打ち出されていくのである。市場に従えばすべて上手くいくと。

この経済政策は労働市場においても市場原理が働くように、規制緩和を行い、日本的伝統であった終身雇用制、年功序列賃金制をなくしていった。代わりに非正規雇用と派遣労働が増え、総体的に労働者の賃金は低下した。これは流動化政策、つまり有能な労働者は良い条件を求め働く場をかえてステップアップしていくことにより、賃金上昇と企業利益向上をねらったものとされたが、実際にはむしろこれにより成果主義が蔓延し、不安定就業層が増加した。この市場原理主義は、公的部門、つまり市場に忠実ではなかった社会福祉の領域にも「選べる福祉」の制度化、「民間セクター」の活用という形で「進出」する。この点はのちに述べる。

社会主義の壮大な実験は実際的に失敗に終わった。その結果、東西冷戦が終結し、社会主義をめざす運動、思想もかつてほどの魅力を失った。二一世紀は思考の新たな準拠枠を求める機運を生んだが、しかし、未だ国際的な準拠枠に当たるものを見いだせず、新自由主義と様々な格差が国内外に広がり、自国優先、ナショナリズムが社会問題の解決策だという言説が熱を帯びている。地球市民の情報発信力に貢献したインターネットの普及は、残念ながら「ポスト・ツルース」をも広めた。「事実」や「歴史的記憶」がないがしろにされる社会が作られるならば、蓄積された基本的人権は軽視、抑圧され、何人も平等に暮らせる諸条件が破壊されるだろう。やや大げさだが、「ベルリンの壁」の崩壊は、これを予測できたであろうか。

(2) 社会福祉基礎構造改革は何をどう変えたのか

社会福祉基礎構造改革は、第二次世界大戦後、形成された日本の社会福祉制度を変えた。そこでまず、戦後日本の社会福祉制度はどのような特徴と変遷を有していたのかを確認する。

第二次世界大戦後の日本の社会福祉制度は、敗戦直後の連合軍総司令部(GHQ)から日本政府に出されたSCAPIN775「社会救済に関する覚書」(一九四六年二月)にそうことを求められた。その覚書を要約すれば、①無差別平等、公民的権利の停止をしない、②必要な援助の提供、③公的責任の明確化(公私の分離)、④必要な援助に制限をしない、とまとめられる。この四原則により制度化されたものが、戦後の社会福祉制度の出発点である。中でも、「公的救済の社会的責任」は、一九四五年前の日本における公的救済に関する考え方と仕組みを大きく転換するものであった。このひとつの具体化が「措置制度」である。

第二次大戦後の日本の社会福祉制度のまず最大の課題は、戦争によって傷ついた人々の暮らしの再建であった。日本の国民のほとんどが、あるいは戦地や旧植民地からの引き揚げ者が、戦禍によって家を失い、職を失い、日々の食べるものさえ欠く状態にあり、国民すべてが飢餓状態にあった。

そこで第一に最も必要とされたのは経済的支援である。一九四五年「生活困窮者緊急生活援護要綱」が一九四六年に実施された。そして「(旧)生活保護法」が同年に制定される(欠格条項を削除した現行「生活保護法」は一九五〇年制定)。また、戦災による親のいない児童の保護も喫緊の課題であり、一九四七年に「児童福祉法」が制定された。さらに戦争による傷痍者だけではなく、障害の原因を問わない「身体障害者福祉法」が一九四九年に制定された。この「福祉三法」は、従って敗戦直後の生活困窮対応が課題であったのである。

ここで忘れてはいけない重要な法制度は言うまでもなく、「日本国憲法」（一九四六年）である。日本国憲法第二五条には「生存権」が規定されており、戦後日本の社会福祉、社会保障をすすめるうえで求められることの一つの有力な根拠となった。

また、憲法第八九条の「公有財産の、民間の宗教、教育、慈善団体への支出禁止」規定は、社会福祉制度作りに影響を与え、むしろ強い公共性を福祉サービス提供団体に求めることとなった。

具体的には公益法人として社会福祉法人のみに施設サービス等の提供（第一種社会福祉事業）を認め、その社会福祉法人の認定と運営は所管省庁が厳格に適用し、公共性を確保したのである（社会福祉事業法、一九五一年）。

さらに言うまでもなく、法整備のみでは制度は運営できない。福祉サービスにかかわる従事者が必要である。日本の社会事業、社会福祉従事者養成は、アジア・太平洋戦争前からなされていたが、社会事業そのものの理解が広くなく、公的救済も限定的であり、無給の名誉職的な「方面委員」の制度化（のちの民生委員）にとどまり、従事者養成は戦争の混乱の中で実際的に頓挫していた。

ＧＨＱは専門従事者養成についても指示を出し、東京、名古屋、大阪、仙台に「社会事業従事者養成校」が設置された。それらの学校は多くの人材を輩出し、ＧＨＱの公的救済施策実施のみならず戦後の社会福祉に貢献した。

しかし、「専門職」としての社会的認知は限られ、任用資格として「社会福祉主事」が法的に明文化されるにとどまった。それによればこの資格は、「社会福祉主事は、事務吏員又は技術吏員とし、年齢二十年以上の者であつて、人格が高潔で、思慮が円熟し、社会福祉の増進に熱意があり、且つ、左の各号の一に該当するもののうちから任用しなければならない」に留められ、学校教育法で定める大学もしくは専門学校等で「厚生大臣の指定する社会福祉に関する科目を修めて卒業した者」または、「厚生大臣の指定する養成機関又は講習会の課程を修了した者」と「厚生大臣の指定する社会福祉事業従事者試験に合格した者」とされた（社会福祉事業法第一八条）。資格試験は実施されることはなく、公務員に任用され、かつ社会福祉担当部署に配属されなければ意味のない資格であった。このように社会福祉従事者養成については大きな課題を残していた。

いずれにせよこのような骨格、態勢で戦後日本の社会福祉制度が始まった。そして福祉3法体制、つまり戦後対応から実質的な福祉サービスの展開にかわるのは一九六〇年代からの高度経済成長を待たねばならなかった。

日本の高度経済成長期において、「精神薄弱者福祉法」（一九六〇年、現「知的障害者福祉法」）、「老人福祉法」（一九六三年）、「母子及び寡婦福祉法」（一九六四年）が制定され、福祉六法体制となる。この制度化については それぞれ背景があるが、ここでは高度経済成長期にみられた生活構造の変化、それに関連し社会的問題の存在のみの指摘に留める。

高度経済成長は所得の増加のみでなく、日本人の生活とその意識に大きな影響を与えた。大都市圏において「核家族」世帯が増加したといわれ、洗濯機、テレビ等の電化製品が普及し、第一次産業人口が減少、大都市

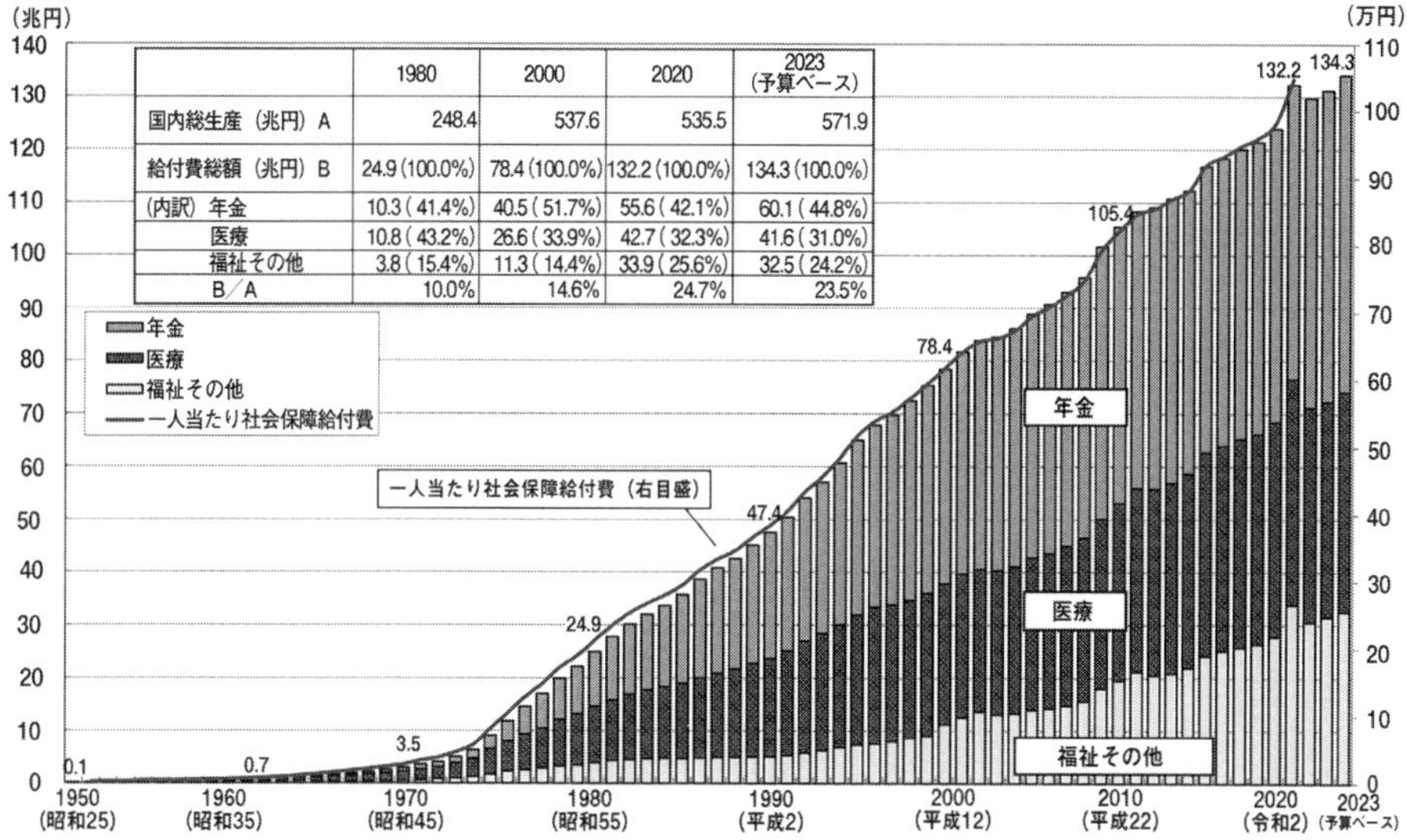

	1980	2000	2020	2023 (予算ベース)
国内総生産（兆円）A	248.4	537.6	535.5	571.9
給付費総額（兆円）B	24.9 (100.0%)	78.4 (100.0%)	132.2 (100.0%)	134.3 (100.0%)
(内訳) 年金	10.3 (41.4%)	40.5 (51.7%)	55.6 (42.1%)	60.1 (44.8%)
医療	10.8 (43.2%)	26.6 (33.9%)	42.7 (32.3%)	41.6 (31.0%)
福祉その他	3.8 (15.4%)	11.3 (14.4%)	33.9 (25.6%)	32.5 (24.2%)
B／A	10.0%	14.6%	24.7%	23.5%

図１　社会保障給付費の推移

資料：国立社会保障・人口問題研究所「令和２年度社会保障費用統計」、2021 ～ 2023 年度（予算ベース）は厚生労働省推計、2023 年度の国民所得額は「令和５年度の経済見通しと経済財政運営の基本的態度（令和５年１月23 日閣議決定）」

（注）図中の数字は、1950、1960、1970、1980、1990、2000、2010 及び 2020 並びに 2023 年度（予算ベース）の社会保障給付費（兆円）である。

圏への人口集中が起きた。経済成長優先に伴い、国民の多くが、いわゆる「団地生活」、サラリーマン生活」に憧れを持ち、東京オリンピック開催、東海道新幹線開業、大阪万博開催と「昨日より今日、今日よりも明日」という成長志向を実感し疑わなかった時期である。

その一方、経済成長優先、生産性が重視され、自然破壊が進行し、公害問題などの社会的問題に関心が集まり、社会福祉制度の充実を一方で求めていた。国の税収も増加し、国民生活への関心が高まった時期でもある。社会保障も拡充され、田中角栄政権は、一九七三年、「福祉元年」を宣言する。この時期、社会保障、公的扶助制度の充実として列記すれば「児童手当制度の開始」（一九七二年）、「老人医療費の無料化」（一九七三年）、厚生年金保険の給付額を二・五倍に引き上げて「五万円年金」（定年前給与の約六〇％）実現（一九七三年）、「生活保護の扶助基準の引き上げ」（一九七三年）、「雇用保険四事業の開始」（一九七五年）、この時点までは日本も明確にヨーロッパ型の福祉国家実現へ帆を進めていたといえる。そして前後の社会福祉を統計データで確認すると図1になる。日本の社会福祉制度は、その個人給付費（年金、医療、福祉）統計から見れば[4]、一九七〇年代半ばよりそのグラフ曲線は傾斜を増し増加を始める。このように国家予算からみれば、この時点で社会福祉制度の充実をせざるを得なかったことが示されていよう。

しかしながら先に述べたように同年、「オイルショック」が起き、日本の高度経済成長は終わる。税収の落ち込みとともに政府はたちまち手のひらを返し「福祉も聖域にあらず」と「福祉見直し」が始まる。その方向を示したものが、「新経済社会七ヵ年計画」（一九七九年閣議決定）であった。ここにおいて生活困難には個人の自助努力と近隣社会と家族の連帯を基礎にし、公的責任を限定後退させた「日本型福祉社会」が提唱されたのである。大平首相は「家庭は、社会の最も大切な中核である。落ち着きと思いやりに満ち、充実した家庭こそ、国民の安らぎのオアシスであり、日本社会の基礎構造をつくるものである」と発言、さらに「家庭は、社会の最も大切な中核であり、充実した家庭は日本型福祉社会の基礎であります」、また「日本人のもつ自主自助の精神、思いやりのある人間関係、相互扶助の仕組みを守りながら、これに適正な公的福祉を組み合わせた公正で活力ある日本型福祉社会の建設に努めたい」（一九七九年一月第八七回国会における大平内閣総理大臣施政方針演説）と、ヨーロッパ発の「福祉国家」政策とは違う考えと政策方向を打ち出した。

「日本型福祉社会」は、福祉国家をめざすのではなく、自助努力と近隣社会と家族の連帯を基礎にし、公的責任を限定するものである。しかしながら図1を見るならば、個人給付費がその後抑制されることはなかったことがわかる。従ってよりいっそう「見直し論」が追求され、日本の社会福祉制度は徐々に変化していった。

この時点において政府は「日本型福祉」という形容詞を自ら付けている。このことによって、第二次世界大戦後における日本の社会福祉制度が一つの到達点（画期）、その特徴を示したといえるだろう。つまり、そこにはヨーロッパに始まる「福祉国家」とは違い、特に家族の「養育・介護力」（自助努力）を基盤にする理念が示され、家族では対応しきれないところに、措置制度による公的支援を行う仕組みであり、特徴と理解して良いであろう。むろん、家族の「養育・介護力」は抽象的、理念的であり、実態は異なったが、福祉国家体制の基本的メルクマールである社会保障費負担を、そして貧困問題の解決を、世代を超えて求めるのではなく、北欧に比べれば中程度の税負担にとどまった。また、世代間扶養や教育に関わる社会的支出を認める意識醸成はなかった。

早くも老人保健法制定によって「老人医療費無料化の廃止」（一九八二年）され、被保険者本人の医療費の一割自己負担（一九八四年）、国庫負担を基礎年金部分に限定（一九八六年）される。また、一九八九年「高齢者保健福祉推進一〇ヵ年戦略」（ゴールドプラン）が政府から発表され、福祉施設利用権限は地方に移譲された。

繰り返すが、第二次大戦後、日本の社会福祉制度は、地域や家族がもつ介護力に期待を込める部分はあるが、社会保障制度の一翼を担い、再分配政策の重要な柱となった。公的扶助のみならず、施設サービスを中心に措置制度による公的支援を基盤としたものであった。この時点までは、社会福祉の公的責任を限定されつつはあっても一定程度は追究する考えが存在したといえる。

しかし、この仕組み、考え方に二つの波が押し寄せる。それは結局のところ、一つとなり「社会福祉基礎構造改革」を成立させる。その第一の波は、急速に進行する「日本の人口の少子高齢化」であり、人口の平均年齢が上がるにともない、年金制度が維持できない、介護ニーズが大幅に増加し、既存の仕組みでは対応できないなどの課題である。

もう一つの波は「規制緩和」、つまり民間活力の利用を福祉領域にも生かす試みである。両者の関係は第一の波の対応手段として、第二の規制緩和、民間セクターを利用したと言っても良いであろう。

前節で述べたように八〇年代の先進資本主義国において、規制緩和と民間活力の活用が産業界から求められ、積極的に政策化していた。日本においても一九八九年三月、福祉関係三審議会合同企画分科会は、「今後の社会福祉のあり方について（意見具申）――健やかな長寿・福祉社会を実現するための提言」をまとめ、「福祉改革」の方向性とそのための課題の整理を提言している。さらに「行財政改革」の流れから、一九九〇年二月、臨時行政改革推進審議会は最終報告を行い、そこには公私の役割分担を基盤とし、国民負担率の抑制、規制の削減、民間活力の活用を推進し、活力ある福祉社会を目指していくことを提言し、「福祉改革」は強力に進めるとしている。これらの意見具申、提言により、その後、社会福祉全般にわたって、根本的な見直しがすすめられる。

提言のポイントは、市町村の役割重視、在宅福祉の充実、民間福祉サービスの育成であり、福祉サービスの供給主体について公・民あるいは両者の協働方式による供給主体がそれぞれの特性を活かしながら多様な福祉サービスを展開する必要がある、としている。

これらは徐々に政策化され、一九九〇年にいわゆる社会福祉八法改正、つまり、老人福祉法の一部改正、措置にかかわる事務の市町村への移譲、在宅福祉サービスの法定化などが進められる。

一九九三年二月、社会保障制度審議会社会保障将来像委員会の第一次報告は、二一世紀の社会保障には社会的連帯の考えに立ち、自助と自立、家族の役割が必要であるとし、公的役割の限定が指摘された。同年五月には、「これからの保育所懇談会」（厚生省児童家庭局長の私的諮問機関）からは、措置制度の弊害を指摘し、措置以外の入所方式の導入、一部業務の外部委託などが提言されている。

一九九四年九月、社会保障制度審議会社会保障将来像委員会が第二次報告で福祉分野において措置から契約への転換、介護保険制度に触れている。同年、老齢厚生年金支給開始年齢を六〇歳から六五歳に繰り下げが行われた。

一九九五年二月には、老人保健福祉審議会で高齢者介護問題について検討が始まり、同年七月の中間報告は、高齢者自身の自立した生活のためにサービスの選択確保、負担と給付の明確性、公的責任とを勘案して、公費を組み入れた社会保険方式の介護システムを検討すべきとした。この議論を踏まえ、一九九七年、市町村が保険者となり、それらを国と都道府県が支える、介護保険法が制定された。この介護保険制度は二〇〇〇年度に施行された。

そして全体として社会福祉サービスの供給構造（仕組み）の見直しは一九九七年一一月、「社会福祉事業等のあり方に関する検討会」が厚生省社会・援護局長の私的検討会として設けられ、「利用者の選択尊重」をするため、「市場原理をその特性に留意しつつ幅広く活用していく必要」があるとし、「利用者とサービス供給者との対等な関係の確立」、「地域における福祉・保健・医療サービスの連携体制の整備」、「多様な提供主体による福祉サービスへの参入促進」、「適正な競争を通じた良質なサービスの効率的な提供」などの方向性をまとめた。

そしてここにおいて措置制度を見直し、個人が選択したサービスを提供者との契約により利用し、そして契約にもとづき利用サービスと利用者に応じた公費の助成を行う制度「支援費制度」（障害者福祉）を検討すべきであるとしたのである。

付言ながら「支援費制度」は、実施の段階でニーズの目算を誤り、予算基盤が脆弱で破綻を招く。その結果、ニーズの上限規制をかける事態となり障害者の大きな反発を招くことになり、支援費制度は数年で消えることになる。

福祉供給システムの検討の場となった中央社会福祉審議会福祉構造改革分科会は、一九九八年一二月、この改革で公的責任の後退はないと強調する一方、障害者関係審議会は、支援費制度の導入のほか、障害児や知的障害者の福祉サービス決定権限の市町村への移譲、法定施設の要件の緩和、障害種別ごとになっている各種サービスの相互利用の促進などの報告を行った。これを受け、一九九九年に社会福祉事業法等の改正が行われた。

この改革は保育サービスの量的拡充と特別養護老人ホームの設置主体に関する規制撤廃と経営主体の多元化がすすみ、二〇〇〇年以降、日本の社会福祉の基本方向を示した。二〇〇五年に制定された応益負担を基本原則とする「障害者自立支援法」もこの基本方向を踏襲している。

このように「社会福祉基礎構造改革」を、まとめると、①措置制度をやめ、代わりに契約制度を導入する。契約によるサービス提供は②民間企業など多様な主体が行えるようにし、その際には③柔軟なニーズに対応できるように市場原理を導入する。併せて④情報の提供や開示、利用者の権利擁護なども明文化する、というものであった。これらの中では④がやや異質だが、公正な契約には情報開示と契約主体の擁護は必要である。

つまり、対応すべき課題はあったが、社会福祉基礎構造改革は、まとめれば規制緩和であり、福祉サービス供給主体の多元化である。営利を目的とした株式会社のような民間企業でも認定基準をクリアすれば参入できることになった。従って、供給過程において疑似市場が形成されることになった。参入基準など部分的に市場原理を取り入れ、競争させ、効率的で、ニーズに柔軟な質の高い福祉サービスが提供されることを狙ったものである。その典型的な制度が介護保険制度である。既に一九八七年に専門職団体において長年の懸案だった「社会福祉士及び介護福祉士法」が制定され社会福祉専門職が国家資格となって人材の面からサービスの一応の質的担保がはかられた。規制緩和、民間活力の導入においてよりこれは有用な働きをしたといえる。

社会福祉基礎構造改革は、措置制度から契約によるサービス提供と規制緩和、民間セクターの参入を認めるなど、第二次大戦後に求められた「公的責任の明確化」を限定し、変えたのである。市場原理の導入（民間参入、供給の多元化）については、大きな批判的議論や提起もなかった。

近年、「格差の拡大」「貧困の自己責任論」の隆盛が見られるが、これはこうした変化の象徴である。縷々あげてきた各審議会委員の視野には「利用者とサービス供給者との対等な関係の確立」が本当に見えていたのであろうか。

人口の少子高齢化による介護需要増大と利用者ニーズの尊重の課題から改革は急がれたが、改革は必要であったとしても、また福祉六法体制は限界であったとしても、この改革は、新自由主義経済にマッチした「仕組み」の模索と構築として写る。誰にとっての、誰のための改革であったのか。その吟味は今日からでも遅くはない。

4　社会科学的視座の再生と社会福祉の実践

(1) 社会福祉本質論争と現代の社会福祉

「ベルリンの壁崩壊」以降の日本の経済動向、それにともなう日本の社会福祉の変遷、とくに社会福祉基礎構造改革をみてきた。それは、現在の社会福祉を捉えるために振り返ったのであった。この振り返りの中で改めて注記しておきたいことは、ベルリンの壁崩壊以降、特に強まった新自由主義が日本の社会福祉政策を飲み込んでいく過程である。

ところで、ある政策動向に対して注意を喚起し、異なった角度からの批判的視座を提供することがマクロレベルの社会福祉理論の本来の役割である。ところが、一九五〇年代から一九八〇年代まで日本において「社会福祉とは何か」をめぐって「社会福祉本質論争」が社会福祉研究者の間で行われていたが、ベルリンの壁崩壊以降、事実上、論争は行われていない。

当時の「社会福祉本質論争」を古川孝順は、「社会福祉の自己保存を重視する論者」が「社会福祉見直し論に追随する論者」との間に行った「批判的議論」であると評し、あまり、社会福祉の進展に貢献しなかったと総括している[5]。また、荻野源吾は、「論争の厳しかった割には、この『本質論争』が結果したことは『何であったのか』というのが、大方の学会の認識ではなかろうか。」[6]と評している。つまり、一九八〇年代までに行われた本質論争は、現在の社会福祉にとっては直接的影響をもたず、歴史上のことであったとしている。

これに加え、一九八〇年代から一九九〇年代においてソビエト連邦をはじめとする社会主義国の崩壊があり、社会科学における「マルクス経済学」の地位は低下した。丁度、バブル経済直前の好景気にあり、「本質とは何か」という思考に価値さえもたなかった時期である。本質論争の役割は終わったという理解が広まるのも無理はない。

しかし、「社会福祉基礎構造改革」で改革の課題となった「措置制度の原則廃止」にせよ、規制緩和をし、供給主体の多元化をすすめ、市場原理を導入したことは、憲法第二五条の生存権保障にそもそも抵触しないのか。介護の市場化により、利用できる層、利用できない層が明確に分かれ、「(社会)運動としての介護(保障)」の存立根拠を危うくしている。新自由主義下における資本主義経済との関係を問うマクロレベルの議論を本質論争として継続すべきではなかったか、疑問が残る。

本質論争の基軸となった孝橋正一の社会事業理論は、初期の段階から「大河内一男の社会政策論」を継承、発展させ、社会事業と資本主義経済との構造的関連性を説明し、社会政策と社会事業との関係と社会事業の独自性を位置づけた。また、どのような社会的存在であっても、資本主義経済の法則から離れて論じることはできないと見解を述べ、資本主義経済が構造的に産む社会問題、そして社会的問題を規定したのであった。つまり、社会事業の公的責任の根拠を示したといえる。

むろん、これらの見解には様々な視点から批判がなされたが、新自由主義下において、次々とその体制にそった政策が実施されていく現在、資本主義経済の構造的問題から解く孝橋(のみではないが)の社会科学の視座は、再評価されるべきである。

具体的に述べれば、厳しい経営環境にあり契約、支援計画を守れない介護事業者の増加、介護保険の度重なる改正、障害者支援の六歳切り替え問題など「社会福祉基礎構造改革」以後のその政策方針には、見直すべき基本的な課題がある。また、ニーズ把握から始まる現在の支援では、それが社会的問題の一形態という理解にはいたらず、第三者から見るならば、「特別な優遇」と映り、不平等感と不公平感が醸成される。問題解決にあたっての社会的責任の合意は得にくく、「貧困の社会性」、「介護の社会性」の理解が得られない仕組みになっていることも課題である。従って、この状況において「本質論争」のような根源的問いかけの不在は今後の社会福祉、ソーシャルワークの有り様に大きなマイナスである。

この根源的問いかけの重要性にソーシャルワークの観点から課題提起がなされている。

「ソーシャルワークのグローバル定義」(二〇一四年)によれば、

ソーシャルワークは、社会変革と社会開発、社会的結束、および人々のエンパワメントと解放を促進する、実践に基づいた専門職であり学問である。

社会正義、人権、集団的責任、および多様性尊重の諸原理は、ソーシャルワークの中核をなす。

ソーシャルワークの理論、社会科学、人文学および地域・民族固有の知を基盤として、ソーシャルワークは、生活課題に取り組みウェルビーイングを高めるよう、人々やさまざまな構造に働きかける。

この定義は、各国および世界の各地域で展開してもよい。

(社会福祉専門職団体協議会国際委員会+日本福祉教育学校連盟による日本語定訳)

とある。「専門職であり、学問である」とは強引な翻訳でやや意味不明のきらいはあるが、マクロレベルの社会変革を意識し、「生活課題に取り組みウェルビーイングを高めるよう、人々やさまざまな構造に働きかける」としている点は、二〇〇〇年の定義よりも人と環境との調整に収斂しない現実性が含まれている。また、二〇一四年の定義を読み進めていくと「社会変革の任務は、個人・家族・小集団・共同体・社会のどのレベルであれ、現状が変革と開発を必要とするとみなされる時、ソーシャルワークが介入することを前提としている。」と説明され、ソーシャルワークには社会を変革する役割もあると指摘されている。

さらに、ソーシャルワークの中核的任務の中に「人種・階級・言語・宗教・ジェンダー・障害・文化・性的指向などに基づく」抑圧や特権の構造的原因を探求し批判的意識を養い、その不利な立場にある当事者と連体し、貧困軽減、抑圧からの解放、社会的包摂（social inclusion）と社会的結束（social cohesion）にむけ努力する専門職だと記述されている。これはソーシャルワーク、現代の社会福祉に求められている課題である。

このようにソーシャルワークのグローバルな定義から見ても、現代の社会福祉の理論に求められていることは、新自由主義経済が進み、グローバル化された資本主義社会にあって、生きづらさ、生活の困難に直面する現実から、「社会変革」つまり様々な社会単位の政治的課題をどう対象化し、変革に結びつけるか、私たちの認識や日々の暮らし、実践との関係を明らかにすることである。

社会福祉本質論争は、「社会福祉基礎構造改革」やこの諸課題を認識し議論する前に先の理由により停止した。しかし、社会福祉の実践的営為が社会的に不利な立場にある当事者と連体し、貧困軽減、抑圧からの解放、社会的包摂（social inclusion）と社会的結束（social cohesion）にむけ努力する専門領域ならば、社会福祉基礎構造改革の批判的検討は必須であり、それはまず資本主義経済を対象化し、相対化する社会科学の視点から構造的問題を明らかにすることである。

（2）社会科学の方法と期待

やはり、社会科学が重要である。

現在、世界の富裕層六二人の総資産と三六億人の総資産が同じだと言われている。これだけ富の集中と貧困の拡大、つまり格差が巨大化している。これが資本主義の一つの姿である。繰り返すがかつてのような社会主義諸国が存在しない現在、露骨な資本主義が現れてきた。これに基づく分断と憎悪は国内外に広がりつつある。

このような状況をトマ・ピケティの『二一世紀の資本』は、各国が示す統計データを過去に遡り集めこの傾向を示した。ピケティの社会科学は、歴史的、経済統計データを読み解く作業であるといえる。ピケティはこれにより、再分配政策の重要性を説く。これはマクロレベルのアプローチである。社会福祉の領域における一つの方法ではマクロに加えて、マクロからメゾ↓ミクロのアプローチが必要であり、孝橋の社会事業理論がこの一つである。

この点に関して荻野源吾は孝橋の社会事業論が「社会科学イデオロギー」によっていると指摘し批判的見解を述べているが、社会科学は、一つのイデオロギーを示す言葉ではなく、また、あえて「イデオロギー」とつなげることに違和感をもつ。マックス・ウェーバーの「価値自由」の検討を持ち出すまでもなく、イデオロギーに無縁な社会科学は存在しえない。例え中立という立場があるとしても、それは中立という一つのイデオロギーである。問題は、社会科学の方法において、自分のイデオロギーの根拠（価値観）とその自覚、さらに方法的客観性確保が必要である。

何らかの社会事象を認識し、分析し、まとめるとすれば、そこにはまず「気づき」がある。その気づきは認識主体の価値観によって左右される。換言すればどのような社会福祉をめざすのか、という理想型がなければ、社会事象を「問題」と認識できない。社会科学の方法にとっては、このめざすべきイデオロギーの存在はむしろ重要だと言って良い。

ただ、もちろん、それがどのようなイデオロギーであるのか、広く社会ではどのように評価されているのか、自覚は必要である。単なるアジテート情報ならともかく、多くの人々と共有することが目的ならば、自覚と方法的客観性の確保は必須と言える。

社会福祉の社会科学においては、このマクロ→メゾ→ミクロという下降認識に加えて、ミクロ→メゾ→マクロの上昇認識も必要である。その基本をのべれば、生活の場面、人の暮らしは時間としても空間としても様々な広がりをもつ。その中で家族、他者、社会との関係が存在する。それはそれぞれ不安と不安定さをもつ。何らかのきっかけで、生きづらさ、生活が維持できない、自傷・他害などとして現れる。そして労働や消費の困難に結果し生活維持の不成立をまねき、生活困難のスパイラルが生じる。人は社会の構成単位だが、人の意志が単純に社会に反映されることはまず少ない。家族とはいえ利害が対立することもある。個人はどうしようもない。スパイラルは、つまり社会的障害である。これにいかに支援的介入を行い、社会的共通性からスパイラルを止める方策を、支援制度、社会資源の活用を考えるか、ミクロ・メゾレベルの課題となる。しかし、賃金、労働条件、環境が悪化し、既存の制度、資源では対応できない状況になっているならば、それはもうマクロレベルの課題といえるであろう。社会福祉の社会科学は、この下降認識と上昇認識が同時に並行して行われるべきなのである。社会科学の基本的な見方の一つ、弁証法的唯物論に近いが、単なる経済規定還元説ではなく、より精密に、より細部に細かい検討と議論が必要である。社会科学は、複雑化した社会について認識する機序を示し、何を重要視するか、何をまず考えるか、その整理の方法である。

私たち現在社会に生きる者が選んだ経済システムは、結果として資本主義という市場経済で商品と貨幣をやり取りする体制である。それは私たちの欲望を満たすべく、あるいはそれに支えられ、様々な商品を作り続けている。だが、すでに明らかなように、それは格差の広がりをともなう矛盾を抱えている。矛盾は必ず変動となる。これを人権に最大限の留意を払い、現実的に、少しずつ解いていく方策の中に、社会福祉、ソーシャルワークもある。その実践者は当事者とともに、大きな矛盾の存在に気づいたソーシャルワーカーも含まれよう。

社会福祉はマクロ的にみれば、資本主義社会に存在する、効率性、競争、貧困という社会的引力に抗し、生活維持を図る様々な取り組みの一つであり、その存在は、生活者側と為政者（資本）とのせめぎ合いという側面を必然的に持つ。どの立場に立つかによって変化するが、社会福祉は故に生活者側と為政者側との様々な矛盾を内包することになる。生活維持の仕組み、政策的管理運営を実行するサイドと、生活維持・再構築の資源と考えるサイドでは、かみ合う点ばかりではなく、両者がそれぞれの利害から提起を絶えずしていくことが、今、社会福祉に軽視されている側面ではないか。

「福祉の新たな提供ビジョン」が厚生労働省から提起された。共生社会実現のため、従来の高齢、児童、障害等の縦割り分野を廃し、「地域まるごと」、ワンステップ対応、というキャッチコピーを謳い、法改正や新たな立法がなされていく予定であるときく。このキャッチコピーの通りに地域に共生社会が実現するならば歓迎すべきであろう。

しかし、現在の政策を充分に総括された上での政策なのであろうか。「資源の有効かつ効率活用」が重点的であるように思える。縦割りをやめ、「丸ごと」とはいえ、現在の利用実態から高齢者に重きを置くことになることは予想され、少なくとも、その有益性と課題を残す部分の検討は慎重に行った方が良い。また「地域丸ごと」と安易なボランティアの活用は控えるべきである。

私たちは、様々な形でソーシャルワークに向き合うところに存在する。これまで述べてきたように、そのポジションがいずれであれ、隠されているにせよ、わかりやすく提示されるにせよ、政治性にかかわざるをえず、それを利活用していくこと、運動に展開すること、当事者とともに歩むことが求められる。その際、市場経済にもし健全性と合理性を求めるなら、広い意味での再分配施策、社会的仕組みをも構築しなければならないのである。それら実際の取り組みについては、本書の各論文に委ねたい。

■註

1　真木悠介 2013『気流の鳴る音』ちくま学芸文庫：29

2　吉田久一 1989『吉田久一著作集1　日本社会福祉思想史』川島書店：3

3　マイケル・サンデル 2012『それをお金で買いますか――市場主義の限界』鬼澤 忍 訳、早川書房：16

4　厚生労働省「社会保障給付費の推移」https://www.mhlw.go.jp/content/000973207.pdf（2023/9/7アクセス）

5　古川孝順 1992『社会福祉供給システムのパラダイム転換』誠信書房：2

6　荻野源吾 2006「社会福祉論争とその位置づけ」『広島文教大学紀要』41

■参考文献

丸尾直美 1984『日本型福祉社会』日本放送出版協会

吉田久一 1989『吉田久一著作集1　日本社会福祉思想史』川島書店

マイケル・サンデル 2012『それをお金で買いますか――市場主義の限界』鬼澤 忍 訳、早川書房

トマ・ピケティ 2014『二一世紀の資本』山形浩生・守岡桜・森本正史 訳、みすず書房

古川孝順編 1992『社会福祉供給システムのパラダイム転換』誠信書房

荻野源吾 2006「社会福祉論争とその位置づけ」『広島文教大学紀要』41

第7章

ソーシャルワーカー養成と支援現場と

打保由佳

本章では、ソーシャルワーカーの中でも「社会福祉士」に焦点をあて、「社会福祉士養成の大学（以下、養成校）における教育と支援現場で必要となる実践力との間に生じる距離」をテーマに取り上げる。社会福祉士について規定した「社会福祉士及び介護福祉士法」は、一九八七（昭和六二）年に公布され、一九八八（昭和六三）年に施行された。下記は同法に明記された「社会福祉士」の定義である。

この法律において「社会福祉士」とは、第二十八条の登録を受け、社会福祉士の名称を用いて、専門的知識及び技術をもつて、身体上若しくは精神上の障害があること又は環境上の理由により日常生活を営むのに支障がある者の福祉に関する相談に応じ、助言、指導、福祉サービスを提供する者又は医師その他の保健医療サービスを提供する者その他の関係者（第四十七条において「福祉サービス関係者等」という。）との連絡及び調整その他の援助を行うこと（第七条及び第四十七条の二において「相談援助」という。）を業とする者をいう。（社会福祉士及び介護福祉士法 第二条）

社会福祉士養成教育は、二〇〇九（平成二一）年の社会福祉士養成課程の教育カリキュラム改定によってソーシャルワークの理論に基づく実践力を重視する方向に向かい、ソーシャルワーク実習（以下、実習）・ソーシャルワーク実習指導の体制整備がはじまった。

更には、「ニッポン一億総活躍プラン」に関連する福祉人材確保対策検討会で、社会福祉士の実践力の強化について提言されたことで、「専門性の高い社会福祉士の養成として、より一層多様化・複雑化する地域課題に対応できる社会福祉士の養成に向け、養成施設・大学等と職能団体の連携による実践を重視した教育内容の充実について、さらなる検討を進め確立していく」（厚生労働省ホームページ 2016: 5）ことが目標として掲げられた。その後、二〇二一（令和三）年には、新たな教育カリキュラムの導入がなされ、より一層の理論に基づく実践力の強化を行うことが強調されたが、この背景には、養成校で学ぶソーシャルワークの理論と支援現場における実践とが乖離しているという課題のあることが挙げられる。

そこで本章では、養成校での教育と支援現場で求められる実践力との間になぜ距離が生じてしまうのか、養成校での教育内容をふまえ、聞き取り調査から作成した「養成校の卒業生であるAさんの入学から卒業、そして、卒業後のライフヒストリー」を通して考える。なお、文脈や聞き取り調査からの口述内容に応じて、ソーシャルワーカーと社会福祉士という用語を用いているが、意味は同じとしている。

1　現代社会で求められる社会福祉士像

社会福祉政策は、一九六〇年代後半から、社会福祉施設の拡充と共にそれを担う人材として福祉従事者の専門職化を進める方向性が示された。その後、一九七〇年代になると、日本は高齢化社会に突入し、年金受給者の増加が予測され、核家族化の進行、女性の社会進出、扶養意識の変化により、社会保障改革が大きな課題として認識されるようになった。このような社会状況を背景に福祉人材の確保が急務となり、一九七一（昭和四六）年、全国社会福祉協議会は、社会福祉事業法改正の研究を目的とした委員会の中で、「社会福祉専門職制度のあり方」を取りまとめた。そして、一九八七年に「社会福祉士及び介護福祉士法」が成立し、国家資格としての「社会福祉士」が誕生した。

一九九〇年代に入り、「個人の自立支援・利用者による選択の尊重・サービス効率化」を柱とした社会福祉基礎構造改革に関する議論が開始された。改革の中でも、社会福祉士については、サービスの利用支援、成年後見、権利擁護等の相談援助への業務拡大をふまえ、社会福祉士の資質の確保及び向上等を図る観点から、定義規定・義務規定、資格取得ルート、社会福祉士の任用・活用の促進等の見直しが行われ、二〇〇七（平成一九）年、「社会福祉士及び介護福祉士法」の改正法案が可決、成立した。

（1）社会福祉士が担う役割

二〇〇七年の「社会福祉士及び介護福祉士法」の改正に伴い、二〇〇九年に社会福祉士養成課程の教育カリキュラムが改定され、その専門性を明確にするために社会福祉士の担う役割が具現化された。左記は、厚生労働省が示した「社会福祉士の役割」である。

①福祉課題を抱えた者からの相談に応じ、必要に応じてサービス利用を支援するなど、その解決を自ら支援

する役割

②利用者がその有する能力に応じて、尊厳を持った自立生活を営むことができるよう、関係する様々な専門職や事業者、ボランティア等との連携を図り、自ら解決することのできない課題については当該担当者への橋渡しを行い、総合的かつ包括的に援助していく役割

③地域の福祉課題の把握や社会資源の調整・開発、ネットワークの形成を図るなど、地域福祉の増進に働きかける役割（厚生労働省ホームページ 2008: 3）

社会福祉士は、クライエント（個人、家族、小集団〔グループ〕、社会福祉施設・地域相談機関〔以下、施設・機関〕または組織、地域等）が持つ福祉ニーズをくみ取り、生じている問題を解決するために専門的な知識や技術を用いて支援する役割を担っている。

（2）社会福祉士が身につけるべき知識や技術

社会福祉士養成課程における教育カリキュラムは、社会福祉士の役割を遂行し支援を行うために必要となる、人や社会の構造、ソーシャルワークに関する理念や方法、地域福祉の基盤整備、福祉サービスとサービスにかかわる諸制度等を講義で学び知識をつけ、その知識をソーシャルワーク演習（以下、演習）や実習を通して技術として習得するための科目群で構成されている。学生は、このような講義－演習－実習の学習循環により、「利用者本位」の視点で、利用者の「個別性」に応じた、その人らしい生活の維持と回復を支援するという福祉の理念に基づいたソーシャルワークの知識や技術を学び取ることになる。

ソーシャルワークにおける支援の対象は、利用者個人から個人が生活する社会のレベルにまでおよび、利用者の自己決定・自己選択を尊重しながら、地域で自立した生活を送ることができるよう、家族や地域住民、関係する専門職等の社会資源と連携を図ることが必要となる。そして、個人と個人を取り巻く環境に働きかけて各々の関係を調整し、関係性の改善を阻害するような制度・政策、地域の状況がある場合には、それらを変革していくことが求められている。

2　ソーシャルワークの基礎理論――ジェネラリスト・ソーシャルワーク

社会福祉士が身につけるべき知識や技術の基礎となるソーシャルワークの理論は、ジェネラリスト・ソーシャルワークである。ジェネラリスト・ソーシャルワークの形成は、一九五五年に全米ソーシャルワーカー協会（NASW）が結成されたことを契機として、ソーシャルワーク専門職の専門性を示すため、専門分化されていたケースワーク、グループワーク、コミュニティオーガニゼーション（コミュニティワーク）の共通基盤の明確化と統合化が議論されるようになったことがはじまりである。

その後、一九七〇年代に「人と状況の全体関連性」（F.Hollis 1966: 125）の概念や社会システム論を参考にしたアセスメントの視点を持つ「ジェネラリストアプローチ」が提唱され、一九八〇年代には、生物的・心理的・社会的な成長発達が相互に関連しながら多様なプロセスをたどる生態学の考え方を参考とした「生態学的アプローチ」が登場した。これらを経て一九九〇年代には、生態学的アプローチを含みながら、ソーシャルワークの価値を基盤として、クライエントの理解、クライエントと環境との関係性のとらえ方、ニーズの把握、問題解決のプロセス等について、ケースワーク、グループワーク、コミュニティオーガニゼーション（コミュニティワーク）を総合して展開する「ジェネラリスト・ソーシャルワーク」が確立された。

以上のような変遷のもとで誕生したジェネラリスト・ソーシャルワークは、支援の対象を個人、家族、小集団（グループ）、施設・機関、組織、地域、また、これらが交互作用している状況としてとらえている。したがって、ソーシャルワーカーは、交互作用の関係にあるクライエントとクライエントを取り巻く環境をアセスメントすることで、働きかける対象を具体的に焦点化して個人と環境の双方に働きかけ関係性を調整していくことが必要となり、クライエントが行う交互作用の全体像を把握していくことが求められるのである。

3　養成校での学びを支援現場で生かすことの難しさ

養成校の教育は、社会福祉士に必要となる知識や技術を習得するための教育カリキュラムに基づき進められる。しかし、ソーシャルワークに関する理論と支援現場における実践との間に距離のあることが課題としてある。なぜなら、ソーシャルワークは、生活で発生する多様な困難や利用者個人のみならず、その他関係者の価値観を含む複雑な要素が絡まり合う家族や集団、地域等を対象にしていること、援助関係のもとで利用者を中心とした「利用者本位」の視点で支援を行うことから利用者の多様な生き方や価値観等の「個別性」にふれることになり、理論の枠組みではは かることのできない実態が浮き彫りとなるからである。

養成校で学ぶ「利用者本位」や「個別性」の視点は、利用者一人ひとりの個別的な生活歴と生活における諸条件をふまえて利用者の主体性を尊重し支援するという考え方であり、利用者の生活で発生する多様な困難は、利用者個人のみならず、関係する人びととの出会いを通して初めて確認できるものとなる。

つまり、ソーシャルワークとは、一人の専門家の側の専門的な判断による専門的な支援という側面からだけではとらえきれない活動であり、更には、支援の内容や実践基盤が制度・政策に大きく規定されること等が、社会福祉の実践を理論化し、理論を実践することに難しさをもたらしているといえるのである。

4　養成校で学んだ学生Aさんのライフヒストリー

ここからは、養成校でのソーシャルワークの理論に基づく実践力を習得するための教育内容に着目し、養成校の学生であったAさんの入学から卒業、そして、卒業後のライフヒストリー[1]を通して、学生が感じる、養成校での教育と支援現場で求められる実践力との距離について考える。

Aさんは、養成校の通信課程[2]に二〇一三年度から三年次で編入学し、二〇一四年度までの二年間在籍した。筆者は、Aさんと養成校に在籍していた時からやり取りを行い、卒業後についてもAさんの行う支援活動に参加させてもらう等で関係を継続し、Aさんと共に活動しているメンバーの方々とも交流を行っている。

（1）Aさんのライフヒストリー【入学から卒業まで】

①定年からのスタート――福祉を学ぶことを決めた理由
Aさんは、高校卒業後四年制大学に進学し、その後、一般企業に就職した。当時の彼には、福祉を仕事と

して結びつけて考えるという感覚はなく、福祉とは自分にとって無縁なものであるととらえていた。

大学卒業して、いくつか仕事しましたけど、基本的には、ジャーナリズムみたいな仕事をしたかったんで、福祉的なものを中心とした仕事っていうのは、感覚にはなかったですね。仕事としては結びつかなかった、ぼくの頭ん中では、福祉というのと仕事とは結びつかずに（いました）。

Aさんは、二〇代から六〇代まで一般企業で仕事をし、自身の定年が近づく頃に妻が病気を患い、闘病生活を送ることになった。それを機に、Aさんは、患者同士が情報交換を行い、励まし合う〝セルフヘルプ活動〟の必要性を強く感じることになった。

それまで福祉とは無縁であると感じていたAさんが、この経験を経て、将来は福祉の活動に携わりたいという夢を持つようになり、六〇歳で定年を迎えて数年が経った後、福祉という新しい世界で学ぶことを決意した。そして、通信課程の養成校に入学をした。

私の妻が（アルミ缶をリサイクルして障害者支援施設に寄付するボランティア活動に）前からかかわっていたと。ほんで、私自身は、全然かかわらず、仕事ばっかりしてたんですけど。（自分が）仕事を辞める、退職する番になって、その前に、妻が、まぁ、病気で亡くなって、で、退職した後に、（妻がしていたボランティア活動を代わりに）やって欲しいって、依頼がありまして、私自身も、ずっと以前からは、ボランティアっていうか、福祉の活動っていうのは、将来やりたいなっていう思いがあったんで、一応、それを引

き受けて、で、その活動をやりはじめた。（中略）

その時に、単純に、アルミ缶を集めて、そういうのをやってく活動だけでは終わりたくないなっていう思いがあって、もう少し、その、障害者支援、障害者の家族支援っていうのをもっと本格的に深く、こう、かかわることができたら良いなという思いがありました。で、そのために、自分自身も専門職と同様な知識と技術というのが必要で、そういうのを持って、そういうのの上に立って、ボランティア活動とか、あるいは、一つの活動をやる必要があるなという思いがあって、で、社会福祉士の、まずは、福祉の勉強をするために、どっか勉強できるとこないかなという思いがありました。

Aさんは、定年退職後、妻の後を継いで、彼が暮らす地域にいる障害者やその家族への支援活動に参加するようになった。そして、その活動を通じて、自身の支援の方向性を定めるようになった。

課題とか問題は社会の中にたくさんあるんですけど。そん中で自分自身が選んで、かかわってきたのが知的障害のある人たちの分野ということになりますね。もし、例えば、最初にかかわる時に、生活困窮者とか、貧困問題とか、最初自分がボランティアとかでかかわっていれば、そちらを中心に（活動）してたと思います。

（中略）

かかわりをもっていく中で、（障害）当事者の人たちも、ご本人たちも支援の必要性があって、（だから、支援したいと思った）理由なんだけど、その保護者の人、特にお母さん、母親なんかが支援される、あるいは、励まされる、そういう対象からはずれている。社会的にね。そういうふうに感じたんですね。

障害者やその家族との出会いをきっかけに、Aさんは、障害者を持つ家族が地域の中で孤立し、家族だからこそ抱えている悩みがあることを知った。そこで、障害者の家族を対象としたイベントを開催したり、日ごろの悩みを語り合うことのできる場所（サロン活動）をつくりたいと思うようになった。

②養成校での学友との出会いから学ぶ

通信課程の養成校では、一八歳以上から六〇歳以上までと幅広い年齢層の学生が在籍している。学生生活は、自宅学習の部分に比重が置かれながらも、学生同士や教員と対面する面接授業（スクーリング）も受講することになっている。スクーリングは、普段、自宅で一人教科書を読み、レポート等の課題に取り組むことが多い学生にとって、他の学生との交流や教員からアドバイスを得られる機会となり、孤独感を解消していくきっかけとなる。

最初、養成校に通う前は、やっぱ他に（自分と同じ年代の人が）みえるんかなぁって思いながらも、まぁいいや、どうあったってやるんだからと思ってて。（入学してみると）結構、女性でも男性でも（いろいろな年齢層の人が）みえて、僕が、こう年取ってるとか違和感なく授業の中でも接してくれたんで。やっぱ、すごくそういう世界だなぁと思いましたよ。

通信課程の養成校は、さまざまな年齢層の学生が在籍することから世代を超えて語り合い、また、スクー

リングでのかかわりを通して、いろいろな人の価値観や人生観にふれることができる。

Aさんは「若い時に通っていた大学では、勉強を全くやりませんでした。（勉強をする）目的がなかった。でも、今回は目的がありましたから、勉強は相当やりました」と話す。そして、学友との交流の中から、いろいろな目的を持った人たちと出会い、「皆さん仕事を持ちながらとか。やっぱり、苦労を覚悟で来てみえるってところで。雰囲気や目の色が違う」ことを感じたと言う。

③養成校で社会福祉士としての視点を学ぶ――利用者本位とは

社会福祉士が身につけるべき「利用者本位」の視点は、一九七〇年代に端緒があり、八〇年代から構想され、九〇年代を通じてその意味が明確化し、供給者本位から利用者本位へという理念に基づくソーシャルワークでの基本となる考え方である。

社会福祉基礎構造改革以前の社会福祉は、国や地方自治体、施設・機関等の供給者（援助者）側から、対象者（利用者）に向けて一方的に供給されるような枠組や内容を提示してきた。そのため、社会福祉の権限は、援助者側に委ねられ、利用者は、その決定に左右されるとともに、援助における客体的な存在として位置づけられていた。

しかし、利用者本位の視点では、今までのあり方を見直し、利用者は、一人ひとりの具体的な生活歴と生活における諸条件のもとに生活する生活者であり、生活の主体者であるととらえている。一方、援助者は、利用者が地域で自立した生活を送ることを基本として、「利用者の自己決定・自己選択」を尊重し、個別的なニーズに対応しながらライフサイクルの全段階を通じ総合的に支援することが求められているのである。

Aさんは、養成校で利用者本位の視点を学んだことで、これまでの自分自身の考え方が変わる経験をした。

専門的な部分ってので、大変勉強になりましたね。単純に福祉っていうのが、世話をするとか、介護するとか、分からない人たちは、世話をしてあげると、そういう介護してあげるということでの福祉に対する考え方だと思うんですけど、そうじゃないことはよく分かりました。やっぱり、自己覚知ということで、自分自身の考え方とか、自分自身の価値観とかいうものを、きちっと見つめ直すなりを持って、対人間にかかわらないといけないっていう、そういう部分だっていうのは、勉強の中でよく、非常に分かった部分ですね。(中略)(福祉に対する自分の)考え方や理念的なものが変わってきたと思う。やっぱり、利用者様中心という考え方、そのへんはやっぱり、結構、たたき込まれたっていうか。

養成校での学びは、これまでのAさん自身が持っていた福祉サービスの利用者は「~してあげる」存在であるという福祉に対する意識を転換させる契機となっている。

「自己覚知」とは、これまでの自分の人生をふり返り、そこで形成されてきた自己の考え方の傾向や物事のとらえ方、対人関係の築き方等の価値観を把握することである。これは、社会福祉士としての専門的な知識や技術を習得するための準備として、また、専門職として職務に携わっていく過程においても、繰り返し行っていかなければならない。Aさんは、自己覚知を行うことで自分自身の価値観を見つめ直し、利用者は客体的な存在ではなく、生活の主体者であるという考え方を新たに持つことができた。

④養成校での学びを実習でとらえ直す

養成校では、施設・機関で支援を実践する実習という科目が設けられている。実習は、社会福祉制度やソーシャルワークの理論等の講義と、講義で得た知識を関連させて模擬的に実施する演習での学びを基に、支援現場で実践的な技術として習得するための課程である。

Aさんは、障害者支援施設で実習を行い、「利用者本位」の視点で支援を実践する難しさを痛感することになった。

職員の人が実際に毎日利用者さんに対して、いろんな世話をしたり、手を引いたり、あるいは、パニックになった時に抑えたり、そういうことは具体的にあるんですけど、やっぱ、その中には、利用者様本位、利用者様中心っていうのが、具体的にぱっと見えるかどうかっていったら、見えないかもしれないね。やっぱ何か、こう相談したり、職員の中で話し合ったり、そういう場にもおらしてもらいましたけど、利用者様の、個別支援計画に対して話したり、そういうところで、(利用者様本位、利用者様中心を)感じられた。それと、やっぱり、そういう話の中で、実習指導者さんなんかが加わった話なんかだと、(中略)利用者様本位で考えるとっていう(問いかけがある)。職員たち(側)の目線で考えてるところを、利用者様本位で考えるとどうなんかなっていう。軌道修正って言葉が出たりするんですよ。まぁ、そういうので分かりましたよね。それから、(自分も)個別支援計画を立案する練習もさせていただいたんですけど、そこでは、(実習指導者に)駄目出しを何回かされて、そこもやっぱり、利用者様本位としていっていう。相当厳しく言われて。

Aさんは、実習を通して「新しい発見」をたくさんすることになった。養成校での学びを支援現場で実践することに対して、「自分自身がどうやっていくか、そこに難しさがある」と、各々のすり合わせの困難さを述べる。

Aさんは、利用者本位という視点は習って理解していたような気がしていても、実際に支援現場に出てみると目の前の業務に精一杯となり、「つい自分の考え、自分の見方」で利用者を見てしまうことがあるという感覚を体験した。また、一方で、「自分の考え、自分の見方でやろうとしても、日常は過ぎていく」、「(利用者本位の)視点を忘れても職務はできる」という支援現場の現実についても感じたと言う。

他にも、利用者本位の基本的な考え方である「利用者の自己決定・自己選択の尊重」についても、次のように話す。

自分自身の、あのー、見方とか考え方に、やっぱり、実習先でのことが、自分自身に取り入れられた、自分自身を修正したってのはありますね。利用者の人の見方で見なきゃいけない。例えば、言葉とか、表現が苦手な人でも、願いは持っている。あれが食べたい、あれは持っている、あれがいやだとか、願いは持っているのを、その願いが何かっていうのを、やっぱり、つかみ取る、ということの努力っていうのをそれは習って、やった。今までだと、何も表現しない、何も分らない(と思ってしまうことでも、実習では)、例えば、(障害を持っていて)そのへんウロウロしている子でも、その時、それ以外のとき、願いが見えると。ちらっと垣間見える、その子の願いとか思いを、やはり、感じ取らなきゃならないっていうのは、習いましたんで。

利用者の生活場面をとらえてみると、利用者の心身的な機能だけではなく、日々変化していく体調や気分等によって、常に決定できる状態にない場合がおとずれる。体の状態や感情によっては一時的に判断能力が弱くなったり、欠如したりすることもあり得、援助者には、その状況に臨機応変に対応していく柔軟性と、相手に付き合うことの忍耐力を持つことが必要とされる。

Aさんは、「言葉とか表現とかそういうもので、何もできない、苦手な人が、どういう願いがどういう希望があって、その願いを叶えるために、相手の意思をくみ取ることができるような方法を工夫して提示する」こと、相手の意向が「分からないじゃなくて、垣間見なきゃ分からない」こと、「たまに見るんじゃなくて、その利用者の人と日ごろ付き合ってると、そういうのをふと出すとき、そういうのをつかみ取るようになんなきゃいけない」ことを、支援現場に出て、利用者の存在を通して見出すことができた。

（2）Aさんのライフヒストリー【卒業後】

①学生から社会福祉士へ――誰もが暮らしやすい地元をつくるための活動

Aさんは、養成校を卒業して社会福祉士資格を取得し、これまで行ってきた活動を社会福祉士としての知識や技術を持った上で展開するようになった。中学時代の同級生の力をかりて、養成校入学前より取り組んでいた障害者やその家族を対象とした「サロン活動」から範囲を広げ、特別支援学校等に案内を配布して参加者を募り、年三回、地域で障害者の支援に携わる専門家を講師に招いた「勉強会」を開催するようになった。

社会福祉士で、資格を持ってそういうものであるということが、そういう勉強会の基盤ですね。（資格を取得したことで）今までの基盤を上げたと思ってるんですよ。一地域住民のボランティアの人が、社会福祉士とかいう、資格を持って武器にして、あの今やっている活動を継続していく。ちょっと底を上げたっていうか、自分が活動していく時に、やはり、対象を、あるいは、関連するいろんな社会資源がありますけど、良きにつけ悪きにつけ対峙してかなきゃいけない。相互に影響し合ってるから。（中略）

（社会資源と対峙する時に、周囲からの自分への認識が）一市民なのか、ちょっとこういうふうに武器を持ってるのか（によって違ってくる。活動をする中で）やっぱ、武器を使わなければいけないようなことが起きてくる。

Aさんは、活動をつづけていくことで、「手弁当だけども、もう少しやりやすいように」していきたいと感じるようになった。

彼は、養成校や実習先で、支援の必要な人でも、「必要な時には援助を受けながらできる」ようになることが自立であり、「車いすの人でも、障害のある人たちでも、参加できる」地域をつくっていくことが社会福祉士の役割であることを学んだ。だからこそ、入学前に抱いていた援助に対する考え方が変わり、支援現場で生かすことができる知識や技術を習得できたと言う。

そして、実際の支援活動の中で、以前は、「一市民」であったAさんが、社会福祉士となることで、社会福祉協議会や行政等に協力を求め、「（他）ができないこととか、やってないこととか、やって問題になってること。やれてないことをやる」ために訴えていく際の「武器」を持つことの重要性を感じた。資格は相手を説得し、信頼を得るためのツールにもなり得ると言う。

②支援現場に立つことでこそ分かってきたこと――教科書には載っていない筋書き

Aさんは、社会福祉士として支援現場に立ち、実際に支援に携わるからこそ分かってきたことがあると言う。支援現場では、養成校で学んできた支援方法や事例の展開通りにはいかないことに直面することも多い。

（ドメスティック・バイオレンスの）相談、悩みを打ち明けられた時に、（養成校の）勉強で習って、教科書とかで習ってきた援助の仕方や筋道といった、いろんな事例があるんですけど、（結果的には）筋道立てておさまっていく。（でも、）実際にはそんなに甘くなくて、（利用者の）精神的な葛藤とかいっぱいあって、いろんなおびえとか、怖さがあって、それで、思い切って、そういうの（配偶者暴力相談支援センター）に飛び込まなきゃいけないし、その人が緊急の保護を受けて、そういう現場から隔離された後が、精神的なPTSDとか、いろんな精神的な病気っていうか、病状が、非常に現れてきて、（次の展開が）考えられなくて、まず、精神的なパニック的なものがおさまる、落ち着くまで、どんだけかかるか分からんけど。やっぱり、一人ひとりの人の性格とか家庭環境とか、一人ひとりがその事情とか長さとか、精神的な症状の出てくる出てき方とか違うし、それのおさまり方っていうか。現実の中で、自分に問われるとこなので。やっぱ、ちょっと教科書で習った筋道とか、筋書きとかが現実とは違ったことがいっぱいあることがよく分かりましたね。

養成校では、支援場面の事例を用いて面接時のロールプレイを行ったり、グループになり事例検討を行う演習がある。Aさんは、養成校で多くの支援事例を読んで演習に取り組み、支援の場面を想定したシミュレーションを行ってきた。

しかし、教科書に載っている事例には文章で表す上での限界があり、支援を行うために重要となる〝生の利用者〟は存在しない。本来、援助者は、利用者とのかかわりから関係を形成し、関係を形成する過程において情報収集を行い、支援方針を検討していく。生の利用者に出会うことで初めて「一人ひとりの人の性格とか家庭環境とか、その事情」が現れるのであり、「教科書で習った筋道とか、筋書き」とは違ったことが起きてくるのである。

③支援現場での経験を重ねて「個別性」を追求する

一人ひとりの利用者は、生活する環境やこれまでの人生経験に基づき、独自性のある個人として支援されるという権利をもった存在である。利用者のそれぞれが、社会の中で固有の経験をし、自分が体験した過去の出来事を独自の観点からとらえている。今までの経験や体験に由来している今の性格や生活スタイルは、利用者が築いてきた個別のものとして形成される。

Aさんは、支援現場で利用者と出会うことで、「個別性」を重視する支援の大切さと難しさをより感じることになった。彼は、社会福祉士として利用者とどう関係し、支援としていかに反映させようと考えているのだろうか。

（障害を持っている子どもがいる）お母さん方って一つでくくるけども、それは障害者でもそうなんですけども、障害を持ってる人たちでも、一人ひとり全く全部違う。性格も違うし、考え方も違う。家庭環境も違うし、経済状況も違う。やっぱり、障害のことで問題が起きた時に、その家庭の環境だとか、考え方だとか、性格だとか、本人自体の思いだとか、願いだとか、今まで何か援助を受けてきた行政的な部分の今までの経過だとか、そういうあらゆるものを見て、アセスメントをして、判断、見つめないと、なかなか難しい。これも、現実的に、お母さん方、保護者の人たちがこうで、保護者の一人ひとりも違うというのが分かりましたんで。お母さん方って（一つに）くくれないなって。（中略）

今後に、その当事者の人たち及びそのお母さん方一人ひとりにとって、どういうふうになっていくのかってのは教科書には載ってないですもんね。教科書には指導されてない、載ってない、勉強では教えてもらえない、現実的な一つの事例なんですよね。その事例が今後にどう広がるのかってのはなんかまだ未知なんで。それを、僕は無理に引っ張るんじゃなくて、成り行きのスピードと、成り行きの展開でやってこうと思ってます。

支援現場では、「教科書には指導されてない、載ってない、勉強では教えてもらえない」ような出来事が起きる。Aさんは、利用者の性格や生活スタイルは一人ひとり異なって多様であり、個別性は、利用者の存在を通して、利用者自身から教えられた。Aさんは、「その人を受け取る（ための）自分自身が（実際に利用者と出会うことで）大分変わった」のである。

その時、Aさんは、「一人ひとり全く全部違う」人たちを相手に「無理に引っ張るんじゃなくて」、相手のペースに合わせ共に歩んでいく存在としてかかわっていく。Aさん自身が、利用者一人ひとりと関係を築きながら、活動に参加する利用者を取り巻いている人びととの関係をも築き、広げていくサポートもしていくのである。

④誰もが住み慣れた地元で生活できるようにするために

Aさんは、自分が生まれ育った地域で活動することに、こだわりを持っていた。活動を行う中で、誰もが身近な地域で生活することができるようにするためには、個人ばかりでなく、社会に向けた働きかけを行うことが大切であると感じるようになった。

(自分が)生まれ育ったとこだし、この地域自体が好きなんで、自然があって周りの環境とか好きなんで、非常に愛着があります。やっぱり地元のところを、良くしていきたいと。その地域住民のために、一人ひとりのために、大多数のためというのじゃなくて、その中に住んでいるいろんな人のために、やっぱり、良く、住みやすいところにしていきたい、という思いがあって。(中略)

地元の中で、障害を持っている人たちとか、お母さん方が、普通に存在(する)感(じ)。別にこう隠れる必要もない、何も自分たちを卑下する必要もない、やっぱり、こう分かってもらえる、普通の存在(として)。当たり前の社会の中の構造とかいろんなものが、そういう人たち、車いすの重症の人たちでも出会える、自由に(生活)できる設備になってる。そういうような形にしていきたいと思ってます。

Aさんは、自分の「生まれ育った」地域に「愛着があり」、「地域住民のために、一人ひとりのために」地元を「住みやすいところにしていきたい」と話す。しかし、まだまだ、障害者やその家族は、自分たちは、普通ではないと感じ、地域の中で隠れながら生活を送っていると言う。サロン活動や勉強会への参加を呼びかけようとしても、悩みを抱えている人びとがどこにいるのかも分からず、社会福祉協議会に協力を求め、特別支援学校等にチラシを配ってまわった。そして、共に活動してくれる人たちを探し、ネットワークを築き、障害者やその家族が、普通に存在することができるような当たり前の地域をつくることを目指した。

⑤これからの人生について――さまざまな人びとの出会いとかかわりを通して

Aさんは、現在、サロン活動や勉強会を定期的に開催しながら、参加者を募り、地域での協力者を増やそうとしている。支援活動の一環として、地域の中に障害者が働くことができる場所をつくろうと、地域の人から店舗を提供してもらい、レストランの運営を始めた。そして、地域の人びとにお客様として来店してもらえるよう営業をつづけている。しかし、このような活動への参加が定着する人もいれば、一度きりの人もいると言う。

Aさんは、「僕、せっかちなんで。どうしても、お膳立て、ぱぱっと立てようとしちゃう」と活動を行う上での自分自身の性格について話す。その時、Aさんの周囲にいる仲間が、「『Aさん、まだまだ』」と声をかけてくれるため、「ゆっくりしなあかんなと思う」そうだ。そのやりとりをすることで、彼は、「ほんで、良いんですよ」と、自分の性格を理解し受け入れ支えてくれる仲間がいることで、試行錯誤しながらも活動をつづけることができていると言う。

Aさんは、自分の将来の夢についてこう話す。

死ぬまで、福祉のこういう世界の、こう援助者でありたいなと。それも、まぁ、援助者だけど、傍観者じゃなくて、要するに、活動を共にするような援助者に。どうしても、当事者じゃないんで。援助者として共に活動すると。まぁ、同志でありたいなと。今のお母さん方とか、そういう子たちと、僕は同志の立場でできてったらいいなという思いがあります。ずーっと死ぬまで。

Aさんは、よく周りの人から次のような質問を受ける。「『Aさんは、別に子どもさんが障害持ってるわけじゃないし、どうして、支援とかされようと思ったの』」と。

Aさんは、社会における反権力やマイノリティに対する人権について、二〇代の頃に通っていた大学での学生運動を見て意識をするようになった。当時の彼は、「はいどうぞってそこに参加するんじゃなくて、自分たちがやりたいことはつくってやろうかって」、グループをつくり行政に向けて働きかけを行った。Aさんは、現在取り組んでいる障害者やその家族への支援活動は、これまでの自分の人生で培ってきた価値観と繋がるものがあると言う。

Aさんは、七〇歳を間近に控えている。「(これでも)人生の曲がり角をまだまだ曲がったばっかだと思ってますからね。これから残り半分を、これからやらなきゃいけないので」と笑顔で語った。

5　養成校での学びと支援現場での実践との間になぜ距離は生じるのか

本章の第1節から4節を通して、社会福祉士に期待されている役割と身につけるべき知識や技術をふまえ、Aさんのライフヒストリーを基に、養成校における教育と支援現場で必要となる実践力との距離を考えるための課題を提示した。

Aさんは、養成校で学び得た知識を持って支援現場に立った際、教科書には載っていない筋書きや勉強では教えてもらえない出来事が起き、養成校で習った通りに実践できない現実的な事例がたくさんあることを痛感した。このような状況が生じる要因としては、養成校では、理論や制度に基づき形式に従った支援の展開を学ぶのに対して、支援現場では、かかわる人びとの反応によって予測できないことが生じることも多く、その状況に応じて柔軟に形を変えながら臨機応変に対応する力が求められるからである。

「社会福祉が対象とするのは一人ひとりの人である。援助現場では、クライエント、支援者、さらには自分自身と向き合う営みを繰り返すことになる」（筆者匿名 2016: 234）。援助は、さまざまな価値観を持つ人びとがいる現場で行われ、ソーシャルワークの対象は、個人、家族、小集団（グループ）、施設・機関または組織、地域等であり、それらを構成するものは、つきつめると、「一人ひとりの人」である。

養成校で学ぶ「利用者本位」や「個別性」の視点は、利用者一人ひとりの個別的な生活歴と生活における諸条件をふまえて利用者の主体性を尊重し支援するという考え方であり、利用者の性格や生活スタイル、そして、生活で発生する多様な困難は、利用者個人のみならず、関係する人びととの出会いとかかわりを通して深められるものである。
そのため、養成校と支援現場との間に生じる距離の要因は、そのような現場に身を置くことができない学生が、多様な価値観を持つ人びとや複雑化している福祉課題を具体的にイメージすることができず、実際の現場で予測できない出来事に直面することで戸惑いや葛藤を抱くことで距離を埋めることが困難となるからではないだろうか。

6　実践力のある社会福祉士に

では、養成校での教育を生かし支援現場で実践力のある社会福祉士となるために、どうすれば良いのだろうか。養成校での教育は、社会福祉士が身につけるべき専門的な知識や技術であり、支援を行う上での共通基盤を習得するための機能を果たすものである。社会福祉士として、この一般的な性質を持つ基盤「(一般性)」をおさえることで、どの福祉分野においても共通認識を図りながら支援にあたることができ、自身の活動する支援現場で、技術を総合的かつ包括的に活用するための基礎的な知識として生かすことができるようになる。Aさんのライフヒストリーから次の内容を取り上げる。

(養成校で学んだことで) 専門的な部分ってので、大変勉強になりましたね。単純に福祉っていうのが、世話をするとか、介護するとか、分からない人たちは、世話をしてあげると、そういう介護してあげるということでの福祉に対する考え方だと思うんですけど、そうじゃないことはよく分かりました。

Ａさんは、養成校での学びから、これまでの自身の考え方を転換することができ、多くのことを吸収することができた。しかし、それでも、支援現場には養成校では教えてもらえないこと、教科書には載っていない筋書きが多く存在していた。Ａさんは、その経験を通して、こうとも言う。

障害を持ってる人たちでも、一人ひとり全く全部違う。性格も違うし、考え方も違う。家庭環境も違うし、経済状況も違う。（中略）（だから、一つに）くくれないなって。（これから）その当事者の人たち及びそのお母さん方一人ひとりにとって、どういうふうになっていくのかってのは教科書には載ってないですもんね。教科書には指導されてない、載ってない、勉強では教えてもらえない、現実的な一つの事例なんですよね。その事例が今後にどう広がるのかってのはなんかまだ未知なんで。

ソーシャルワークには、生活に発生する多様な困難や、関係するさまざまな人びとの生き方や価値観を含む複雑な要素の絡まり合う事象を対象にしていることから、「個別性」を重視した上での高い知識や技術が必要とされている。利用者の性格や生活スタイルは一人ひとり異なって多様であり、個別性は、利用者の存在を通して、利用者自身から教えられる。

つまり、社会福祉士の専門性は、このような「一般性」と「個別性」とが相互に影響し合うことで研鑽され、より高めていくことができるのである。そのため、今後、理論に基づく実践力を持った社会福祉士を目指すためにも、支援現場でのさまざまな人びととの出会いとかかわり、多くの葛藤や喜びを分かち合うことを繰り返し、養成校と支援現場を行き来することの必要性について改めて考えてほしい。

＊本章は、『中部学院大学 教育実践研究 第5巻』に掲載された「社会福祉士養成課程での教育と援助現場で必要となる実践力とのギャップに関する研究――通信課程の学生の入学から卒業、そして、卒業後のライフヒストリーを通して」の一部を再掲している。

＊謝意：本章で取り上げたライフヒストリーは、Aさんへの聞き取りと活動の記録をもとに作成しております。Aさん及びその活動に賛同し、力を尽くされた人びとに敬意を表し、調査にご協力いただきましたことに、心より感謝申し上げます。

■註

1 聞き取り調査にあたり、調査手法として、ライフヒストリー法を用いた。ライフヒストリー法は、主に社会学、心理学、文化人類学、歴史学等の分野で研究され、参与観察や聞き取り調査の手法として発展してきた。この手法は、個人に焦点をあて、個人が、自身のライフ（人生、生涯、生活、生き方等）での経験について語った事柄を時間軸に沿って整理した上で、自己の語りに影響を与えている社会（制度や文化等）との相互性をふまえ、個人の主観的な世界を社会的な側面を含め総合的に描き出そうとする質的調査法の一つである。つまり、ライフヒストリー法は、自己の発達や主観的意味に接近する方法としてだけでなく、周辺環境との関連性を明らかにする方法ともいえる。

2 大学の通信課程は、一九四七（昭和二二）年に学校教育法によって制度化され、地理的・時間的制約等があって、通学することに困難を伴う人たちにも学ぶ機会を提供することを目的に開設されている。また、学生の多くは仕事や家庭をもつ社会人であり、入学動機は、資格取得や再学習、生涯学習等多様なニーズに応える高等教育機関としても位置づけられている。学習方法は、大学教育設置基準によって、①印刷教材等による授業、②放送授業、③面接授業（スクーリング）、④メディアを利用して行う授業の四つが規定され、通学の形態をとる大学に比べて、通信教育は、学生生活を通して、他の学生や教員と顔を合わせる時間が少なく、かわりに自宅で学習を進める時間に比重の置かれることが特徴である。

■引用文献

厚生労働省ホームページ 2016『社会福祉士のあり方について』: 5
http://www.mhlw.go.jp/file/05-Shingikai-12601000-Seisakutoukatsukan-Sanjikanshitsu_Shakaihoshoutantou/0000145743.pdf

厚生労働省ホームページ 2008『社会福祉士養成課程における教育内容の見直しについて』: 3-4
https://www.mhlw.go.jp/bunya/seikatsuhogo/dl/shakai-kaigo-yousei01.pdf

フローレンス・ホリス 1966『ケースワーク――社会心理療法』黒川昭登・本出祐之・森野郁子訳』岩崎学術出版 : 125

筆者匿名 2016「施設職員の一言コラム　福祉の道を進もうとするあなたへ」藤園秀信・打保由佳・川田誉音 編著『社会福祉相談援助演習――ソーシャルワークの理論と実践をつなぐ』みらい : 234

■参考文献・資料

安積純子・尾中文哉・岡原正幸・立岩真也 1995『生の技法――家と施設を出て暮らす障害者の社会学』藤原書店

藤園秀信・打保由佳・川田誉音編著 2016『社会福祉相談援助演習――ソーシャルワークの理論と実践をつなぐ』みらい

古川孝順 1998『社会福祉基礎構造改革――その課題と展望』誠信書房

古川孝順・岩崎晋也・稲沢公一・児島亜紀子 2002『援助するということ――社会福祉実践を支える価値規範を問う』有斐閣

Germain,C.B 1996 *The Life Model of Social Work Practice: advances, in theory and practice*

石川准・長瀬修 編 1999『障害学への招待――社会、文化、ディスアビリティ』明石書店

厚生省五十年史編集員会 1988『厚生省五十年史（記述篇）』厚生問題研究会

厚生労働省ホームページ 2008『社会福祉士養成課程における教育内容等の見直しについて（案）』:3 http://www.mhlw.go.jp/bunya/seikatsuhogo/dl/shakai-kaigo-yousei:01.pdf

メアリー・E・リッチモンド 1991『人間の発見と形成――ソーシャル・ケースワークとはなにか』小松源助 訳、中央法規出版

ルイーズ・C・ジョンソン、ステファン・J・ヤンカ 2004『ジェネラリスト・ソーシャルワーク』山辺朗子・岩間伸之 訳、ミネルヴァ

書房
定藤丈弘・佐藤久夫・北野誠一 編 1996『現代の障害者福祉』有斐閣
桜井厚 2002『インタビューの社会学——ライフストーリーの聞き方』せりか書房
全国社会福祉協議会 1986『社会福祉関係施策資料集1——占領期から高度経済成長期まで』全国社会福祉協議会出版部
全国社会福祉協議会 1986『社会福祉関係施策資料集2——「福祉見直し」から制度改革への時代へ ニ』全国社会福祉協議会出版部
2020 大学通信教育ガイド　大学・短大編

第3部　当事者運動とソーシャルワーク

第8章

ソーシャルワークにおける援助関係・再考

青い芝の会の友敵理論から

深田耕一郎

1 ソーシャルワークに何ができるか——友敵理論から考える援助関係

この章では「ソーシャルワークに何ができるか」という原理的な問いを考えてみたい。もちろん、ソーシャルワークの教科書を紐解けば、その原理は書かれてあるし、「何ができるか」ということも記されてある。しかし、ソーシャルワークが、困難さを抱えた人にほんとうの意味で何かができるのかというと、よくわからない。それでも、ソーシャルワークにできることは何かと自問すれば、私のなかでは、その人と「一緒になってたたかう」ことだと感じる。とても個人的な感覚だが、ソーシャルワークにおいては、援助する／される関係をこえて、「一緒になってたたかう」地平に立てたときに、私は歓びを抱くように思う[1]。

では、「一緒になってたたかう」とはどのようなことだろうか。本章では、この感覚を言葉にすることを試みてみたい。特に、ソーシャルワークにおける援助関係に焦点をあてたい。援助関係を再考することが、「一緒になってたたかう」地平への言葉を生み出してくれると思うからだ。

そこで、障害者運動、なかでも「青い芝の会」が示してきた友敵理論《ゆうてきりろん》を参考にしよう。というのも、友敵理論はソーシャルワークの援助関係を問い直す論理を持っていると考えるからだ。友敵理論をもとに援助関係を再考することで、よりよい援助がいかなるものであるのか、そのヒントとなる考えを導き出したい。

日本では二〇〇〇年代に入って障害者の介助制度が整備され、実際の介助サービスの提供も様々な事業者が参入するようになった。そのため、介助にかんする考え方も様々に見られる。なかでも障害者運動の考え方は介助の世界に小さくない影響を残している。とりわけ障害当事者の人びとによって展開されている自立生活センター（Center for Independent Living 以下、ＣＩＬ）の考え方は、多くの当事者とその介助者に浸透している。日本のＣＩＬの創設者のひとりである中西正司は、介助とは「当事者の主体性を尊重しておこなわれる、英語で言うpersonal assistance」と述べている（中西・上野 2003: 29）。「介護」ではなく「介助」という言葉を意図的に使用するところに特徴があり、ここに当事者主体の発想が込められている。「介護」には「〜してあげる」という保護的なニュアンスがあるが、「介助」には自分たちが主体であり必要な手助けを利用しているという意味があるという。

ところで、日本におけるＣＩＬの登場は一九八〇年代後半である。アメリカのＣＩＬに学びながら日本にＣＩＬを根付かせようとした人たちがいた。そのひとりが中西だったわけだが、中西は「ＣＩＬの介助サービスは、これまでの義理人情のボランティア的介助の世界に有料介助制度を導入したことである」と述べ、その結果「それまで哀れみの対象であった障害者が、雇用者になり、障害者と介助者との関係を保護的なものから対等なものへと変えることができた」と振り返っている（中西 2014: 23）。

中西のいう「義理人情のボランティア介助の世界」とは何だろうか。そうした介助関係を求めた集団として日本脳性マヒ者協会「青い芝の会」があげられるだろう。青い芝の会（以下、青い芝と略記）は、一九七〇年代に力強い当事者運動を展開した脳性マヒ者のグループである。彼らはその行動綱領で「われらは愛と正義を否定する」と謳い、「健常者」が示す、お仕着せの福祉の差別性・抑圧性を痛烈に批判した。その存在を賭けて健常な者の自己の問い直しを迫り、障害者と健常者の関係性の変容を求めた。彼らはCILのように介助を有償のサービスとして位置づけず、無償のボランティアであることにこだわった。そこに「義理人情のボランティア介助の世界」を見ることができる。また、しばしば言及されることだが、青い芝は「健常者は敵」と捉え、敵である健常者の思考を劇的に変えることを志向した。

他方、忘れてならないのは、青い芝は敵であるはずの健常者を「友」と呼び、友としての「連帯」を求めた。たとえば、一九七〇年代に青い芝の呼びかけで結成された健常者の集団は「自立障害者集団友人組織・グループゴリラ」といった。「友人組織」というユニークな名からもわかるように、青い芝は健常者に「敵」であるだけでなく「友人」であることを求めた。というのも、障害者がこの社会で生きるためには自身を介助してくれる「健常者」を欠かすことができない。彼らの生の困難さ（であり可能性）は、健常者を「敵」として批判するだけでは自己の存在を肯定することにはならないことにある。自らの存在を肯定するためには、同じ敵に対して、ともに生きる態度を要求し、「友」としての協力を求めなければならない。批判しかつ連帯する。この青い芝が求めた「友であり敵」である関係を「友敵関係《ゆうてきかんけい》」と呼ぶことができる。また、彼らが提起したその一連の考え方を「友敵理論」と呼ぼう[2]。

青い芝が独特なのは、自らの敵に友であることを求めたことだ。たとえば、先ほど述べた「友人組織」を「健全者運動」と呼び、ともに社会批判を担う当事者としての役割を与えた。この「健全者運動」の位置づけについて、青い芝の横塚晃一は次のように述べている。

私達はこれらの健全者組織と青い芝の会との関係を「やってやる」「理解していただく」というような今までの障害者と健全者の関係ではなく、むしろ敵対する関係の中でしのぎをけずりあい、しかもその中に障害者対健全者の新しい関係を求めて葛藤を続けていくべきものと位置づけてきました。（横塚 1975=2007:263）

横塚は、障害者と健常者の関係を「やってやる」「理解していただく」といった上下関係ではなく、「敵対する関係」ととらえ、積極的にしのぎをけずり葛藤を続けることで「新しい関係」を求めたとしている。障害者運動にとって健全者が「敵」であり「友」であるとは、このような「葛藤」のパートナーとしての意味が込められていた。

青い芝にとって「健常者」は「敵」でもあり「友」だった。本章では、この友敵関係の意味するところが何であるかを考える。そしてそれがソーシャルワークの援助関係にとってどのような示唆を与えるかを検討しよう。冒頭で触れたように、現代の障害者介助の世界において主流となっているのはＣＩＬモデルだ。青い芝の友敵関係は主流とはいえないし、それへの反省としてＣＩＬはサービスモデルを提起してきたともいえる。だから、いまになって青い芝の友敵理論を見直すことにどれほどの意味があるのかと問われるかもしれない。確かに障害者介助という限定された領域であるし、時代的な制約もある。しかしそれでも、彼らが訴えた友敵理論には、人が人を支えることの根本的な問題が内在していると思う。友敵関係を考えることは、介助関係に限定されない、人が人を援助する関係一般を再考することに通じる。では、なぜ友敵関係を参照するのか。その理由をもう少し詳しく見ていこう。

2 援助関係の矛盾

（1）援助のパラドクス——関係の非対称性

友敵関係はどのような点で援助関係を見つめ直す「問い」を有しているのか。まず、援助関係に見られる問題を考えておこう。「援助者は友人たりうるのか」という問いに、社会福祉学者の稲沢公一が取り組んでいる（稲沢 2002）。友敵理論と同型の問いを内在しているこの論考は、援助関係が持つ独特の性質を十分に表現している。ここではこの援助関係論を参照しよう。

稲沢はM・リッチモンドの友愛訪問、M・ブーバーの我・汝関係、G・フロイトの転移・逆転移、C・ロジャーズのクライアント中心療法を丁寧に踏まえながら、援助関係について考察を深めている[3]。その論考で稲沢が最終的にたどり着いているのは「援助」と呼ぶことも定かではない、「人が人を支える一つの原形」である。その関係性は「友人」と呼ぶこともできるし、それ以上の関係といえるものでもある。ただ「援助関係は、友人関係をもはるかに超えた深みにおいて、たしかに取り結ばれる瞬間」がありうると述べている（稲沢 2002: 196）。

では、「人が人を支える一つの原形」とは何だろうか。稲沢によれば、援助関係とはそもそもパラドキシカルなものである。というのも、援助の目的は、クライエントがクライエント自身の力に気づき、その力をコントロールすることができるようになる瞬間を準備することだからだ。クライエントを癒すのはクライエント自身に内在する力であり、そのため、援助者とはクライエントの持つ力をクライエント自身に向けさせる契機にすぎない。稲沢はこのことをロジャーズのクライエント中心療法の考え方から次のように述べている。

> 援助関係とは、まず、「援助を目的とする」という側面から、すなわち、助けたいという思いに基づいて開始されるものではある。だが、時間の経過とともに、助けたいという思いは背景に退き、援助者とクライエントとの「対人関係」という側面が全面に出てくる。さらに、援助者が理解と受容に向けた努力を重ねていくうちに、援助者の人格は消去され、ついには、クライエントがクライエント自身と出会う瞬間が訪れる。（稲沢 2002: 177）

援助がパラドキシカルだというのはこのことであり、援助者の人格が消去され、援助が必要ではなくなる瞬間にこそ「非常にいきいきした瞬間」が訪れる。援助は「援助を不要にすることを自らめざす自己否定のうえに成り立っている」のであり、「援助関係とは、当初の目的が消去されることによって、その目的が最大限に達成されるような、逆説的な関係性」なのである（稲沢 2002: 178）。このことから、第一に援助は自らを不要とするところに成り立つ逆説的な関係性であり、援助者にとっては自分が必要ではなくなっていく過程にこそ意味がある。稲沢がいうように援助は「自己否定性」あるいは「逆説性」を有している。

ところで、援助が逆説的だということの前提には援助関係の非対称性があるだろう。つまり、優位である援助者が、困難を抱えて劣位にあるクライエントを助ける非対称性が援助の出発点にはある。しかし最初、非対称だった関係がどんどんそうではなくなり、気がつけば援助者は姿を消し、クライエントは自身の力で自らを生きていくようになる。それが援助の逆説性だった。稲沢は、援助者とはこのような「非対称性をあえて引き受ける者」だと述べ、「一見底知れぬ溝とも思えるこの非対称性をしっかり見据えて、それを偽善的に隠蔽するのでもなく、さりとて、権威的に強調するのでもなく、状況に応じて関係のあり方を柔軟に模索していくといった姿勢」が援助者に求められると述べている（稲沢 2002: 185）。

（2）援助者のエゴイズムと無力さ——非対称性を選び取ること

以上の姿勢は納得ができる一方で、疑問も残る。必要としなくなっていく過程が援助の理想だとして、実際に多くの援助者がその姿勢を実践できるだろうか。むしろ、自らを消去していく援助は非常に困難で、援助者は自己の価値を高めるために、自己の有用性を強調するのではないか。たとえば、人を世話することで得られる優越感や他者を支配する欲望から、援助者は自由ではない。稲沢はこのことの危険性についても述べている。

もし、人がカウンセリングやセラピーに違和感を覚えることがあるとすれば、消去されたような装いのなかで、なおかつ、隠微に確保されている援助者の主体性を嗅ぎ取るときなのかもしれない。自らを「主体的に」消去することで安全な場所に位置づく主体性。それは、援助者という立場に伴う共依存にも似た底知れぬ魅力であって、多くの者たちを援助する側へと惹き付ける誘引ともなっている。（稲沢 2002: 187）

「共依存」という言葉にあるように、援助者が援助に依存してしまうことがある。それは自己を消去するどころか、困難さを抱える他者を利用することで自己の価値を高める態度である。援助関係には劣位にある他者を自己の存在証明のために利用する利己性が潜んでいる。だから第二に援助には援助者のエゴイズムがつきまとう。

しかし第三に、とはいえ、こうした援助者の姿勢すらも無意味になる瞬間があると稲沢は述べる。それはクライエントに内在する力すら叩き潰してしまう「現実の闇」を前にしたときだ。現実とは「誰にも背負いきれないほどの苦しみをたえず生み出し続けている」ものであり、「そうした苦しみのなかには、いかなる人であれ、どうすることもできないものがある」。そのようないかんともしがたい状況のなかで、援助者にできることがあるとすれば、それは「逃げ出さないこと」「見捨てないこと」だけだと稲沢はいう。援助者にできるのは「どうすることもできない無力さを噛みしめながら、苦しみを背負わされている人のかたわらに、ただただ踏みとどまること」だけなのだ（稲沢 2002: 191）。

この態度は援助者にとって「逃げ出さない」「見捨てない」ことを決意することであり、本来逃げ出すこともできるはずの非対称性を根源的に選び取ることである。稲沢はこれを「主体的に選び取られた非対称的な関係性」と呼び、同時に「無力さを共有する関係性」と説明している。ここでは援助することの限界が露呈し、無力さが共有されるのみである。ただ、無力さから逃げない決意をし、一瞬でも引き受ける選択をしている。「人は人のかたわらにいて、あるいは、かたわらにいるだけだからこそ、人を支えることができることもある」（稲沢 2002: 194）。これが「人が人を支える原形」であり、第三に援助という営みが最後の最後でできることは無力さを共有することだけである。

こう見てくると援助関係にはいくつもの矛盾する契機が混在しているように思われる。第一に援助は自らを不要とするところに成り立つ逆説性を持っている。クライエントを助けるのはクライエント自身であり、援助者は自己を消去していくことが望まれる。しかし第二にこのこととは正反対に援助者は自己を消去することが容易ではない。援助することにアディクトしてしまう共依存の問題や自己の存在証明のために他者を利用するエゴイズムの問題があった。一方ではエゴイスティックな私が、他方では自分を消去するという自己矛盾を抱え込むのが援助関係なのだ。もっとも、第三にそれらの問題を打開してもなお、いかんともしがたい現実は存在するのであり、そのとき援助者にできることは無力さを共有するということだけだった。では、次に援助関係論をいったん離れ、青い芝の友敵理論を見ていこう。

3　障害者運動と健全者運動

(1) 友人運動の意味——健常者としての気づき

ここからは日本で障害者運動が活発化する一九七〇年代に生まれた健全者運動の言説を参照しよう。「障害者運動」ならぬ「健全者運動」というユニークな実践について詳細な研究を行っているのは山下幸子である(山下 2008)。山下の仕事に助けを得ながら、健全者運動がいかなるものであったかを確認しよう。

健全者運動を担った団体、「自立障害者集団友人組織グループゴリラ」は一九七二年に大阪で結成された。ゴリラが名乗った「友人組織」とは何だったのか、ゴリラが標榜した「友人」の意味を知ろう。彼らが作成したパンフレットにはこう書かれてある。

私たちの活動の前提としてまず、障害者自らの闘う組織「日本脳性マヒ者協会青い芝の会」の運動があります。私たちグループ・ゴリラは彼らとともに闘います。しかし、それは活動の場・局面に於て常に青い芝の会より告発・提起され、障害者と健全者の対峙を余儀なくさせる中身を持っています。「ともに」の中身は、常に解放運動総体がそうであると同時に、私たちと障害者との相対峙しあう関係を組織的に創りあげて行くこと、これを私たちは、「友人運動（ケンカもするが、キッチリ付き合って行く）」であると考えています。（山下 2008: 206-207）

自分たちの実践は青い芝とともにあり、その出発点には障害者からの「告発・提起」がある。そのように障害者と健常者が対峙しあう関係を組織的につくりあげていく運動が「友人運動」だという。さらに具体的にそれは障害者と健常者が「ケンカもするが、キッチリ付き合っていく」関係を形成する社会運動ということだ。

第二にグループゴリラの友人運動には次の三つの具体的な活動があった。すなわち（1）在宅障害者訪問、（2）行動保障、（3）自立障害者介助であり、それらを「息の長い地道な日常活動の柱」にしていくことが謳われた。この「日常活動の柱」を通じて、何年も外出も入浴もままならず、家族からも疎まれる障害者の存在を、健常者たちはまのあたりにする。彼らは「親元や病院、施設のなかで人間性を無視され、自身が社会的な存在であることを自覚する機会をもたなくなるところまできた障害者の姿」を知り、身体感覚で障害者の生活を実感していった。そこから自分があたりまえとしてきたこれまでの生活や価値観が相対化された。つまり、自分は障害者を排除する社会の一員であり、障害者を見たこともなかった自己に気づくのである。そのように自己をとらえ直すことで、障害者の経験する現実は決して他人事ではなく、この社会の問題であり自分の問題として浮かび上がってくる。すると自分のなかに「健常者中心社会のペースへの疑問が立ち上がり、そこから社会変革への志向が生まれる」。これは「障害者と健常者が共闘してゆける可能性を開いていく」契機となるものだった（山下 2008: 49）。

彼らグループゴリラは自らが自明視してきた健常者性を反省し、障害者とかかわり続ける実践を「新たなる健全者運動」と呼んでいる。介助を通して障害者の生を受けとめ自己をつくり直していく。山下は「違和感や戸惑い、あるいは痛みをおぼえるかもしれないこの作業を引き受け、障害者と共に差別の廃絶に向かう。それが『新たな健全者運動』の実践であり、『友人』という言葉に込められた意味である」と述べている（山下 2008: 50）。つまり、友人運動とは、互いに敵対する点をぶつけあいながら、それぞれが自己を問い直すことによって、敵対関係から友人関係への変容をめざす思想運動だったといえるだろう。

ところが、友人運動はわずかな活動期間を経て挫折を迎える。グループゴリラが掲げた理念の多くはいくつかの困難さに直面し、実現されることがなかった。そのことを次に見よう。

（2）健全者運動の挫折から——なぜ友敵関係なのか

健全者運動を担った「グループゴリラ」は一九七八年に関西青い芝の会の意向を受けて解散する。解散の直前の一九七七年一〇月に青い芝から「緊急あぴいる」なる文書が出され、健全者運動の問題点が批判された。健常者の力が強まり運動の主体たる障害者を引き回していることが明らかにされた。友人運動の理念とはまったく逆の現実が現われていたのだ。結局のところ、健全者運動が批判してきたこれまでの健常者性が再び繰り返されたのだという。

この背景には健常者が障害者の介助を担いきることの限界があった。先述のように友人運動の理念を中心にすえて健常者が介助を担った。しかし介助者の絶対的な数が不足し介助体制がひっ迫した。そのなかで健常者は疲弊してしまう。疲弊した健常者は「やってやる」という意識を強めていく。すると健常者の介助にたよらざるを得ない障害者は自分の意思を発露することが難しくなる。障害者が「健常者の顔色をうかがうような介助関係」が生じた。その結果、「友人」としての関係は構築されず、健常者が障害者を手なずけるような「支配」の関係が常態化した。事態は好転せず、関西青い芝がグループゴリラの解散を決めた。友人運動としての健全者運動は目的を実現し得ぬまま六年で挫折を迎えた。

このとき「全国青い芝の会総連合会」の会長であった横塚晃一は、七八年の機関紙『青い芝』に「健全者集団に対する見解」を発表している（横塚 1975=2007: 262）。横塚はあらためて障害者にとって健常者がどのような存在かを書き記している。

常に健全者というものが私達脳性マヒ者にとって「諸刃の剣」であることを私達は忘れてはなりません。つまり青い芝の会（脳性マヒ者）がこの社会の中で自己を主張して生きようとする限り、手足となりきって活動する健全者をどうしても必要とします。が、健全者を私達の手足となりきらせることは、健全者の変革をめざして行動しはじめたばかりの私達脳性マヒ者にとってはまだまだ先の長い、いばらの道であります。手足がいつ胴体をはなれて走り出すかもわからないし、そうなった時には脳性マヒ者は取り残され生命さえ危うくなるという危険性を常にはらんでいるのです。

このことが脳性マヒ者が存在してこの方、自己を主張することもなく健全者のいいなりになってきたゆえんであり、青い芝の会の歴史を振り返ってみても健全者とまともに関わりきれなかった原因なのです。（横塚 1975=2007: 264-265）

横塚によれば障害者にとって健常者は常に「諸刃の剣」である。障害者は生きていくために避けがたく健常者の手を必要とする。しかしその手はいつ障害者から離れるかも知れない。離れてしまえば生命の危機をもたらす危険すらある。その危険性を恐れるあまり障害者は健常者のいいなりになってきた。だから健常者は障害者にとって命を託す存在であるとともに命を脅かす存在なのだ。「諸刃の剣」とは「健常者の両義性」を表現したものであり、健常者を「友」であり「敵」とする認識につながる。横塚はこう続ける。

今こそ、私達はこの危険性をはっきりと自覚し、また健全者に対しても己れの恐さをこれまで以上に自覚させること、障害者も健全者も表面的な関係に己れを許してしまうことのないよう問い続けなければなりません。その自覚の上に立って、青い芝の会と健全者集団は相互不干渉的なものではなく、健全者の変革に向けて激しくぶつかりあう関係であるべきです。（横塚 1975=2007: 265）

横塚は「諸刃の剣」としての「健常者の両義性」を障害者も健常者も自覚しなければならないという。特に健常者に自己の恐さ、つまりは権力性（もっというと暴力性）を認識させることが大事だとする。だからこそ、障害者も健常者も「相互不干渉的なもの」ではなく、「激しくぶつかりあう関係」を追求するべきだと主張している。相互の「変革」のためにぶつかりあうのであり、よりいっそう友敵関係を深めて行くことが提起されている。

ところで、このように力強く友敵関係を求める背景には、青い芝に固有の自己意識があった。彼らは健常者の健常者性を問う前に自分が何者であるか、自己の障害者性をとことん問い直している。いわば深い自己理解がある。友敵理論は強固な自己認識があるからこそ現れてくる思想である。なぜなら、「私はこのような存在だから、あなたにはこのようなかかわりをしてほしい」という意識があるからこそ、友敵関係が望まれるのだ。自己存在を問うことは他者存在を問うことにつながる。青い芝はもっともラディカルに自己が何者か、そして他者が何者かを問うた。では、彼らの自己意識とはどのようなものだったか。青い芝における障害者の自己意識を確認するとともに、その自己意識がいかなる社会的な問いかけとなって現れたか。次にそのことを見よう。

4　友敵理論の自己意識

（1）真の自覚――自己を変えることは社会を変えること

青い芝は一九七〇年に横浜で起きた母親による障害児殺害事件をきっかけに社会批判を強めていく。当時、障害児を殺害した母親への同情から減刑を望む声が寄せられた。青い芝はこの減刑の声に異議を申し立てる。障害児を殺した母に同情するということは、障害者は殺されても仕方がない存在なのか。彼らは「殺される立場」から減刑に反対し厳正な裁判の実施を求めた。社会に潜む障害者を否定する思想、つまり優生思想を鋭く批判したのだ。

当時、青い芝の会神奈川県連合会の会長だった横塚はこの事件を通して「私達のような重度障害者は今の社会においていかに疎外され、その存在すら無視されているか」を思い知ったという（横塚 1975=2007）。障害者が置かれた社会的位置を強烈に自覚したというのだ。このことは障害者をめぐる認識に転換をもたらした。つまり、障害者の身体や心理に問題を見出すのではなく、障害者を無視し排除する「社会」の構造に問題を見出したのである。

電車、バス、歩道橋、駅の階段やいろいろの建築物など町そのものが私たちの存在を無視し、そこで私たちが生きていくことを拒否しているのです。そこで私達の運動は街に出ることから始めなければならないと考えたのです。それは私達のありのままをさらけだすことであり、強烈な自己主張であります。（横塚 1975 = 2007: 63-64）

横塚らにとって自己を知ることと社会を問うことは一続きである。自分が置かれている状況を自覚することはこの社会のあり方を知ることになる。社会は自分たちが生きて行くことを拒否する構造を持っている。障害者の生きづらさは社会によって生み出されており、社会的排除によるものだという認識がある。だからこそ、社会を変えていくには障害者が街に出て「ありのまま」をさらけだし、「強烈な自己主張」を行わなければならないのだ。この自己主張について横塚はこういう。

私達が、自己主張するには先ずその自己がなければなりません。そういえば私達は今まで自己というものをもっていたでしょうか。体はわるくても心は美しくとか、心まで障害者にならないようにというように、心と体を分断するような教育をされてきた私達の意識は全く自己喪失であったということに気がつきました。
(横塚 1975=2007: 64)

心は美しく、心まで障害者になるなと教育された自分たちは、障害者である自己の身体と精神を確立することができず、自己喪失にあったと横塚はいう。つまり、障害者としてのアイデンティティを自覚することがなかった。それどころか、養護学校や施設において「他人の二倍も三倍も努力して健全者に追いつけ」と教えられ、健常者になることを至上目標にしてきた。自分自身が「健全者は正しくよいものであり、障害者の存在は間違いなのだからたとえ一歩でも健全者に近づきたい」と錯覚した。横塚はこのような障害者の意識構造を「健全者幻想」と名づけ、「健全者幻想を振り払わない限り本当の自己主張はできない」と述べる（横塚 1975=2007: 65)。「本当の自己主張」とは健常者に遠慮して自分たちを理解してもらう努力をすることではなく、理解されようがされまいが障害者である自己の存在を表現することだと彼はいう。

大体この世において四六時中理解して貰おうと思いながら生きている人がいるでしょうか。小説家にしろ彫刻家あるいは絵かきにしろそれぞれの分野で自分の世界をつくっております。それは理解して貰うというよりもその作品をもって己れを世に問う、あるいは強烈な自己主張をたたきつけるということではないでしょうか。

私達脳性マヒ者には、他の人にない独特のものがあることに気づかなければなりません。そして、その独特な考え方なり物の見方なりを集積してそこに私達の世界をつくり世に問うことができたならば、これこそ本当の自己主張ではないでしょうか。（横塚 1975=2007: 66）

小説家や彫刻家、絵描きのように自分たちの世界をつくり、それを世に問うこと。それが「本当の自己主張」だと横塚はいう。そのためには健全者幻想にとらわれた自己喪失の状態から自分を解放し、「他の人にない独特のもの」に気づかなければならない。その気づきは脳性マヒ者にとっての「真の自覚」を意味するだろう。横塚はこう述べる。

脳性マヒ者としての真の自覚とは、鏡の前に立ち止って（それがどんなに辛くても）自分の姿をはっきりとみつめることであり、次の瞬間再び自分の立場に帰って、社会の偏見・差別と闘うことではないでしょうか。（横塚 1975=2007: 87）

脳性マヒ者の「真の自覚」とは、「鏡の前に立ち止って」とあるように自分の姿を直視することからはじまる。しかし、「どんなに辛くても」とあるように、脳性マヒ者は自己の身体を直視することが苦痛だ。これは裏返せば自己の身体を直視できない、自らを否定的に見てしまうということである。しかしそれでも「はっきりみつめること」に意味があり、それは自分で自分を否定する自己矛盾に向きあうことだ。つまり、自己を差別しているのは自分自身であることに気づかなければならない。それを見定めることは、自己の差別性がどこから来るのかを自省することにつながる。先に見た通り、既存の教育や福祉は、健常者に追いつくことを教え込み、自己の障害者性を否定しきた。障害者が自己を否定するのは教育や福祉を通した社会の力によるものなのだ。このことを知ったとき、障害者は社会の偏見・差別と闘う自分を見出すだろう。なぜなら、社会構造の変革を志すことは、自己を取り巻く環境を変え、自分自身をも否定してしまう自己の差別性から自己を解放することになるからだ。これが障害者の「真の自覚」だと横塚はいう。

脳性マヒ者としての「他の人にない独特のもの」や「真の自覚」とはまさに青い芝が打ち立てたものだ。たとえば青い芝の横田弘が映画『さようならＣＰ』のなかで「スピードは遅くて、みじめで、それで何が悪いんだ」と語りながら路上を這いずったように、それは彼らの身体のリズムや、みじめさを積極的に示す身振りそのものによって「独特のもの」を表現した[4]。横田はこの映画で新宿の路上で詩を書きつけたり、全裸になって身体をくねらせながら地面に立つ姿をさらけだした。これらは「健全者」の視点から見れば「遅くて、みじめ」に見えるだろうが、ゆがんだ身体を持つ障害者固有の表現であり、それこそが「自己主張」なのだ。彼らの自己意識は「遅くて、みじめ」の「何が悪いんだ」とする価値転換によって支えられた。

以上のように青い芝における「自己意識」は徹底して自分自身を見つめることからはじまる。その結果、第一に「自分は障害者なんだ」ということを自認する契機が生まれる。その場合の障害者とは、社会的に「障害者」として扱われることの自覚であり、その「障害者」とは社会的排除によって生み出されていることの認識である。

第二にそのため自己喪失の自分を見つめ直し、「他の人にない独特のもの」の生成を通して、自己を肯定することが望まれる。第一の点が障害学がいうところの「社会モデル」の思考様式に似ていたのに対し、社会モデルだけではとらえきれない自己の固有性に着目することがめざされている。

第三に社会的排除と自己喪失を自覚することによって社会変革に取り組むことが志向される。そこでは自己矛盾的な差別性が自分のなかに深く巣くっていることを知り、自己を変えることと社会を変えることは、自己解放のための一続きの闘いだと認識される。では次に、この「自己を変えることと社会を変えること」の意味をもう少し考えよう。

(2) 罪深さと無力さを抱えた者同士の連帯としての社会福祉——差別性・利己性・加害性

横塚はT婦人という女性との往復書簡をエッセイに残している(横塚 1975=2007)。妻が出産を控えていた横塚に、このT婦人が手紙をよこしたのだ。手紙には妻と子どもへの気遣いが書かれてあった。彼女は自身の出産を振り返り、無邪気にも「妊娠とわかったその日から、五体満足をと祈り、何万分の一かもしれない確率をおそれ、もしそうなったらどうしようか」と障害児の誕生を怖れたと綴っていた。さらに「エゴイスティックな愛といわれようとも、この不安と祈り、これはいつわらざる親の心情ではないでしょうか」と書いていた(横塚 1975=2007: 35)。T婦人からの手紙に横塚はこう投げ返す。五体満足を祈ることは端的にいって親のエゴだ。子どもがどう感じどう生きるかは子の自由のはずだ。そのエゴの背景には障害者の誕生を望まない、障害者は生きる価値がないという優生思想が見え隠れする。その「あなた自身の責任(罪悪性)」に気づかねばならない。そう訴えている。もっとも、彼はこう記したあと瞬時に自省し、自分が同じ志向性を持つことを告白している。

私はここであなたを責めるつもりは毛頭ありません。これは私自身を責めているといった方が適切かもしれません。自分より重い障害の人を見れば「私はあの人より軽くてよかった」と思い、また知能を侵されている人を見れば「自分は、体はわるいが幸いあたまは……」と思うのです。

なんとあさましいことでしょう。そのように人間とはエゴイスティックなもの、罪深いものだと思います。

（横塚 1975=2007: 36）

横塚は自分より重度の障害者や知的障害者を見て安堵するという。つまりは障害の程度や種別を比較して自分より困難な境遇の障害者を差別している。あるいは「自分は彼らよりましだ」と認識して自己を保っている。その自己の差別性が「あさましい」。これは人間一般に共通する「エゴイスティック」で「罪深い」性質だとしている。横塚にとって自己を省みることは自身のなかにある差別性を明るみに出し、その「罪深さ」を認識する作業だった。

彼は特に子どもとの関係に自己の罪深さを見る。出演した映画『さようならＣＰ』で横塚は自身の子どもの誕生を記録しているが、子どもが生まれる直前のインタビューでこんなことを語っている。

おれの子供ができる前、男の子か、女の子か、ということでさ、おれは女の子が欲しかった。まあいちおう、どっちでもいいって言ったけどさ、まあ女の子が欲しかった。それでその時に、その女の子の成長した姿を思い浮かべた時に、どうしてもＣＰの、あの、こうやって、こんな格好でやってるイメージは全然浮かんでこなかった。どういったイメージかっていうと、あの髪を長くして、ミニスカートで、さっそうと歩くかわい子ちゃん、というようなイメージしか浮かんでこないわけ、どうしても。どういうわけか、全く、いやんなっちゃう。日頃、言っていることと、違うわけだけどねえ、どうしようもないわけなんだよ。（横塚 1975=2007: 368）

横塚は女児の誕生を望んだ。その女児が成長した姿を想像したとき、ＣＰ者（脳性マヒ者）のように身体をくねらせながら歩く姿が浮かんでこないのだという。浮かんでくるのは「さっそうと歩くかわい子ちゃん」なのだ。つまり自分の子どもは健常児だとイメージしてしまう。障害者差別を批判し障害者としての自己を自覚せよと訴えているのにもかかわらずだ。だから「日頃、言っていることと違う」ので「いやんなっちゃう」。だが「どうしようもない」。自分の子どもは健常者であることを願っている。これは裏を返せば障害者である自らの生を否定することに等しい。子どもとの関係において自己矛盾が露わになる。実際、彼には男児が生まれたが、親子関係において親は子どもに何ができるかと自問している。

親は子供に対して、いったい何ができるでしょうか？それは子供に対し、申しわけないと思うことだけのようです。私達の親はそれでもまだぬけ道があります。誰も障害児だと思って産んだわけではないのですから（障害児と知って産んだとしたら御立派ですが）。しかし私達の子供にはそういう申し開きは通用しません。私の息子はこれから一生の間、障害者の親をもってどれ程苦労するかということは、あらかじめ予測がついているはずです。それでも私達は産み育てているのです。将来、子供になぜ産んだと問いつめられても一言もないのです。私が人間であるという証明のために、また私一人の自己主張のために子供が必要だったのです。（横塚 1975=2007: 74）

横塚ははっきり「私が人間であるという証明」のために子どもを必要としたと書く。自分は障害者である前に人間だ、そのことを証明するために健常な子どもを産んだ。つまり、自己の存在証明のために子どもを利用した。ここには二重の矛盾がある。第一に、障害者差別を批判する自分が健常児の誕生を望んでおり、いい換えれば障害者の誕生を否定している。にもかかわらず、第二にその健常な子どもに自分が否定している障害者（親）と向きあわせようとしている。彼はこの自己矛盾に触れながら、さらに徹底して自分を省みる。

人はよく被害者のポーズをとりますが、また同時に加害者でもあることには、なかなか気づこうとしません。でもそこで自分が加害者であることに気づきおののくことが大切なのだと思います。そして更にそれをのりこえることが……。

いや、ちがいます。人間には「のりこえる」ことなどできない。そんな能力はもっていないようです。ただ時間がたつにつれ痛みは薄れ、他のことに神経を傾注することによって気がまぎれます。これは人間に与えられた特権（?）ではないでしょうか。私など人の気持ちを傷つけたことなどあまり気がつかないし、気がついてもまもなく忘れてしまいます。全く自分勝手なものです。（横塚 1975=2007: 75)

自己の存在証明のために子どもを利用した自分は加害者だ。横塚はこのことの罪を自ら告発している。その加害性に「気づきおののくこと」あるいは「それをのりこえること」が大切だと述べようとするが、しかし即座に「人間には『のりこえる』ことなどできない」と否定する。そうではなくただ痛みが薄れ、気がまぎれるだけだ。人を傷つけたことさえも忘れてしまう。まったく自分勝手だ。そう自己のエゴイズムを告白する。ただし、横塚はこれで思考を終えるのではなく、エゴイズムを見すえたうえで、ではどう生きるかを自問する。

この自分自身のエゴを罪と認めることによって、次に「では自分自身として何をなすべきか」ということが出てくる筈です。お互いの連帯感というものはそこから出てくるのではないでしょうか。まして、我々障害者とそうでない人達との交わりとは？障害者福祉とは？ひいては人間社会のあり方とは？先ず自分が罪人であると認めるところから出発しなければならないと思います。その根底に自分の罪悪性を省みることがない限り、そこから出発した社会福祉とは、強者の弱者に対するおめぐみであり、所謂やってやるという慈善的官僚的福祉とならざるを得ないでしょう。（横塚 1975=2007: 37）

エゴを罪と認めることによって自分が何をすべきかを考えることになる。興味深いことに横塚は「お互いの連帯感」はそこから出てくると述べる。彼にとって「連帯」とは自分の根底にある罪悪性を省みることからはじまる。社会福祉もそこから出発する。そうでなければ福祉は「慈善的官僚的福祉」へと変貌するだろう。社会福祉とは自らの罪深さを自覚した者同士による連帯的営為でなければならないのだ。ここには横塚の基本的な人間観が現れている。さらに人間の罪悪性は、障害者問題に顕著に現れ、その根深さを物語るという。

障害者問題に関わることによって障害者問題の根深さを知り、人間の罪悪性と自己の無力さを知った時、多くの人はたじろぎ同時にそこから身を引くであろう。それは自己の罪悪性をみつめることが耐えがたいからである。しかし問題の根深さにたじろぎ、自分の力不足を理由に身を引くとすれば明らかに逃避であり、何よりも自己に対する裏切りであろう。（横塚 1975=2007: 150）

彼にとって障害者問題にかかわることとは、自分の罪深さと無力さを知ることである。そしてその罪深さと無力さにたじろぐことである。たじろいだうえで、そこから身を引かず、逃避しないことである。それらはすべて自分を裏切らないためである。

以上のように、横塚は自分で自分を否定する差別性や、存在証明のために他者を利用する利己性、弱い者を傷つけてしまう加害性を見つめ、これらを「罪深さ」あるいは「罪悪性」と呼んだ。それを障害者や健常者というカテゴリーで語るだけでなく、人間全体の罪として告発している。そして、罪を認めることから人間の連帯、社会福祉ははじまると述べている。このように、横塚を中心とした青い芝が訴えた友敵理論とは、人間の罪深さと無力さを自覚したところから出発する社会連帯のための思想だったといえるだろう。

5　自分のなかの敵と闘い友となれ

（1）友敵理論による関係の反省と再構築――〈弱い者〉との関係性

ここからは2節、3節、4節で見たことを振り返ろう。稲沢公一の援助関係論によれば、第一に援助とは、クライエントがクライエント自身を助けることができるようになることを目的としており、その点で援助者が自らを不要とするところに成り立つ。もっとも、第二に援助者は自己を消去することが容易ではなく、援助することへの依存や自己の存在証明のために他者を利用する、エゴイズムの問題があった。援助関係はエゴイスティックな私が自己を消去していくという自己矛盾を抱える。しかし第三にいかんともしがたい現実を前にしたとき、援助者は無力さを共有することしかできないことが指摘された。

援助関係論をふまえて健常者の「友人運動」を考えたとき、どのようなことがいえるだろうか。友人運動は健常者が障害者の介助にかかわることで、健常者がそれまで身につけた常識や価値観を問い直し、自己への気づきを求める運動だった。友人運動とは互いの違和感を伝えあいながら、それぞれが自己を問い直すことによって、敵対関係から友人関係へと変容をめざす思想運動だったといえる。しかし、友人運動はわずかな活動期間を経て挫折を迎えた。その理由は、健常者の健常者性が露呈し障害者を支配する関係が生じたからだ。友敵理論を実践することは容易ではなく、健常者の友人運動は解散を迫られた。

健常者に自己の権力性の反省を促し、障害者の生活を支える介助者となることを求めた点で、友人運動は「クライエントがクライエント自身を助けること」をめざしたと考えることもできる。相互にぶつかりあうことで、健常者の保護的で管理的な介助は否定され、生活を淡々と支えることの意義が気づかれていった。友人運動に携わった健常者は自己を消去していくことのなかに新しい援助関係が生まれることを実感したのではないか。しかし、そのなかには障害者を介助することで自己の存在証明を果たそうとする者が少なくなかった。つまり、援助者のエゴイズム（利己性）を拭い去ることが困難だったと思われる。

健常者が自己のエゴイズムを自省できなかったことの背景には、健常者が障害者の自己意識を十分に理解できなかったことが原因にあるのではないか。４節では友敵理論の基礎となる障害者の自己意識を見た。それは社会的排除を認識することによって「自分は障害者なんだ」ということを深く自覚するものだった。自己喪失にあった自分を見つめ直し、「他の人にない独特のもの」を肯定することが望まれた。そこから「自己を変えることは社会を変えること」だとする認識が生成したことを見た。さらに自己意識を形づくる根底には自己の差別性や利己性、加害性の自覚があった。それらが「罪深さ」「罪悪性」と認識された。この罪を認めることから人間の連帯、社会福祉ははじまると語られた。横塚の言葉では「人間の罪悪性と自己の無力さ」を知らないことには援助ははじまらない。そこで「問題の根深さ」にたじろぐのではなく、罪深さと無力さを抱えた者同士として問題を共有する。それが「お互いの連帯感」の土壌となる。この点で友敵理論が見ていたものは稲沢の言葉にあった「無力さを共有する関係性」につながっている。しかし、こうした認識を友人運動は持つことがなかったのではないか。つまり「あなたも私も同じように罪深く無力だ。だから手をとりあおう」とでもいうような、ある種のピア peer の関係性を結ぶことができなかった。そのため友人運動は挫折した。

このように見てくると、友敵理論とは人間の罪深さ・無力さを自覚した者同士の連帯の思想だといえる。その基礎のうえで関係の反省と再構築を求めていく実践だった。非対称になりがちな援助関係において自己反省を求め続ける。友敵理論はそれを要求した。

もっとも、横塚の「実はみんな自分自身に向かっていっているんだ」という言葉に象徴されるように（横塚 1975=2007: 365）、友敵理論は障害者自身に向けて投げかけられたものでもある[5]。つまり、「自分のなかの敵」に向けたものなのだ。自分のなかにいる敵、それは自己の差別性、利己性、加害性――これらは何よりも青い芝が闘おうとした「敵」だ。横塚の言葉では、そうした罪悪性を抱えているのは他でもない自分自身だ。自分は存在証明のために、自分よりも弱い立場にある他者を必要とした。子ども、重度障害者、知的障害者を利用して自分は生きている。差別に加担しているのは自分自身ではないか。自分が敵とみなすものと同じ論理によって自分は自分より弱い者を差別している。つまり、敵は自分のなかにいる。横塚が見すえなければならないと考えたのは、このような「自分のなかの敵」だろう。

そして、敵と闘わなければならないのは、敵を抱えた自分自身と和解するためだ。敵と和解して自分自身の友となること。友敵理論はそのことを求めた。友も敵も自分のなかにいる。自分のなかにいる敵と闘うことによってのみ友と出会うことができる。青い芝の友敵理論には「自分のなかの敵に向き合ってほしい。そして敵と和解し自分自身の友となってほしい」というメッセージが込められていたのだと思う。だから、これは障害者と健常者の対立を意図した理論ではまったくない。友敵理論はすべての人間が自分のなかの敵と和解し自分自身の友となることを願ったメッセージだったといえるだろう。

「自分のなかの敵」とは繰り返しになるが、横塚の言葉でいえば、自己の差別性、利己性、加害性だろう。それは自分よりも〈弱い者〉との関係において見られた。ここでは、横塚が述べた、子どもや重度障害者、知的障害者など、弱い立場にあり援助の対象となる属性を抱えた人たちを便宜的に〈弱い者〉と呼ぼう。横塚は、親は子どもに何ができるかと自問して、ただ「申し訳ないと思うこと」だけだと述べていた。なぜなら、親は子どもを利用して自分の存在証明を果たそうとするからだ。つまり、親である私は子どもを必要とした。もっといえば、子どもに助けてもらった。子どもというもっとも〈弱い者〉に救われた。子どもに救われてやっと自分は生きられた。このような感覚が彼にはある。

子どもに救われた――。一般にそうした感覚を持つ者は少なくないのではないか。子どもは親の利己性によって生まれる。親は自分が生きられるために子どもをつくる。であれば、私たちは〈弱い者〉に救われることで自分を生きられる。自分が生きるために〈弱い者〉を利用する。その利己性が、横塚には耐えがたく、罪と認識されただろう。彼にあってはそのような罪を抱えた私こそが〈弱い者〉なのだ。

援助関係にも同じことがいえる。援助者は援助によって存在証明を果たそうとし、しかし援助を不要とすることをめざす自己矛盾にさらされ続ける。自己の利己性を自覚しながら、自己を消去していく逆説に向き合わなければならない。このことを実践する難しさから友人運動は挫折を経験しただろう。自分より弱い者を助ける気になって自分が助けられる。そのことを欲している援助者は横塚がいうように罪深く、無力なのだ。しかし、自分が〈弱い者〉であることを深く自覚して自分で自分を助けたい、生かしたいと思い、援助関係の自己矛盾を引き受けようとすることのなかに、ともに生きる福祉、互いの連帯は生まれてくる。その矛盾的な自己救済を支える論理として友敵理論はこんにちでも意義を持っているのではないか。

（2）友敵理論の条件――無力さの相互性と肯定性

友敵理論は決して対立のための論理ではなく、援助関係を反省し関係を再構築するための契機となる思想だった。具体的には「自分のなかの敵と闘い友となれ」というメッセージだと考えられた。それを障害者／健常者にかかわりなく、それぞれの人がそれぞれの関係において自問するものとして理解できた。この点で友敵理論は、援助関係という矛盾をはらんだ関係が硬直化することを防いでくれるのではないか。その点で、こんにちのソーシャルワークの援助関係においても意味のある理論だろう。とはいえ、健常者の友人運動が挫折したように、友敵理論を実践し続けることは容易なことではない。では、友敵理論を援助関係に活かすために求められる条件とはどのようなものだろうか。そのことを最後に考えよう。

第一にかかわりの相互性が準備されることである。つまり「自分のなかの敵と闘い友となれ」というメッセージをお互いが共有し、お互いが実践することが大事だ。というのも、友敵理論は自己を深く知るための思想である。自分を知ることによって援助関係の矛盾を引き受ける可能性が開かれるからだ。自己を知る作業は援助関係にある双方がなすものだ。互いが鏡のように自己を照らしあい、互いに自己を知り関係を深める過程に意味がある。他者とのかかわりのなかで相互的に自己理解がなされなければ、横塚のいった「お互いの連帯感」としての援助関係を生きる自己意識は芽生えないだろう。

第二に援助関係が利己性でも利他性でもない関係性を帯びるものとして理解されることだ。青い芝は友敵理論を「ぶつかりあい」や「しのぎをけずる」という表現を用いて、障害者と健常者の敵対関係を強調するように呈示したが、友敵理論は必ずしも対立の論理ではなかった。援助関係における自己の罪深さを見つめ、自分の無力さを知ることで互いが生きられるようになる。そのような契機が見いだされるためには、この無力さが肯定的にとらえられたほうがよい。罪深く無力であるから互いを助けあうことができる。有能であることは援助の条件にはならない。無能だから助けあう関係が生まれる。能力があるから共同するのではない。無力だから共同するのだ。そのとき、無力さに開き直るのでもなく、絶望するのでもなく、無力さは肯定されるべきものとして受けとめることができるだろう。

6　ソーシャルワークの実践倫理としての〈援助関係・再考〉

本章の目的は青い芝の会の友敵理論を読み解くことを通して、援助関係を再考し、「ソーシャルワークに何ができるか」を考えることだった。ソーシャルワークの実際については一切触れず、ただずいぶんとまわり道をしただけかもしれない。しかし振り返ると、友敵理論は援助関係を問い直し、よりよい関係を構築するための思想だったといえるのではないか。援助における差別性・利己性・加害性を批判的に反省しながら、〈弱い者〉同士としての関係を再構築していく。ここに冒頭で述べた「一緒になってたたかう」地平が現れるのではないだろうか。その「一緒になってたたかう」を支える思想として、友敵理論を位置づけることができるだろう。一緒になってたたかう相手とは、自分のなかの敵であり、また社会である。そうして青い芝が求めたように自分が変わることで社会が変わる、その契機を作り出すことがソーシャルワークにできることだと私は思う。

そもそもソーシャルワークの援助関係とは常に自省され、再考されていくものだろう。その意味で、〈援助関係・再考〉とは机上の言葉ではなく、それ自体がすでに援助者の実践を基礎づける倫理となる言葉だ。自己のなかに敵はいる。その敵と闘い続けることで自分のなかの友と出会う。そのことによって自分が変わる。ソーシャルワークにできることは、自分が変わることによって社会を変えていく、という実践だ。そして、これはソーシャルワークに携わる者がこころに留めておくべき実践倫理だと思う。

■註

1　筆者自身は、身体障害を持つ人たちの介助に二〇〇五年ごろからかかわってきた。また、二〇一六年ごろから児童養護施設や里親家庭を巣立った若者たちのためのシェアハウスの運営にかかわっている。とはいえ、福祉の現場に身を置いてはいるものの、ソーシャルワークを実践しているかというと、明確な自覚に乏しい。

2　「友敵理論」は二〇世紀ドイツの政治学者カール・シュミットが用いた概念。一般に、政治とは「妥協の技術」や「合意形成の過程」と考えられるが、シュミットは完全に異なる者同士の対立に「政治的なもの」の本質を見た（Schmitt 1932=1979）。

3　ここでは稲沢の論考の言葉遣いにしたがって援助を受ける立場にある者を「クライエント」と呼んでいる（稲沢 2002）。

4　『さようならCP』は一九七二年、監督・原一男、制作・疾走プロダクションのドキュメンタリー。日本脳性マヒ者協会「青い芝の会」神奈川県連合会が「協力」というかたちで出演している。CPとはCerebral Palsy= 脳性麻痺のこと。青い芝はこの映画の上映活動を足がかりに、障害者が存在することの意味を問いかける、力強い運動を展開していく。

5　映画『さようならCP』のなかで撮影をやめるといいだした横田弘に対して、小山正義や矢田龍司ら青い芝の面々が横田を批判する場面。横田を厳しく問いかける言葉は同時に自分に向けた言葉なのだという横塚晃一の語りから。

■参考文献

稲沢公一 2002「援助者は『友人』たりうるのか――援助関係の非対称性」古川孝順・岩崎晋也・稲沢公一・児島亜紀子『援助するということ――社会福祉実践を支える価値規範を問う』有斐閣：135-208
中西正司 2014『自立生活運動史――社会変革の戦略と戦術』現代書館
中西正司・上野千鶴子 2003『当事者主権』岩波書店
Schmitt, C. 1932 *Der Begriff des Politischen*, Duncker & Humblot. Munchen.（= 1970 田中浩・原田武雄訳『政治的なものの概念』未来社）
山下幸子 2008『「健常」であることを見つめる―一九七〇年代障害当事者／健全者運動から』生活書院
横塚晃一 1975 = 2007『母よ！殺すな（増補版）』生活書院

第9章

ソーシャルワークは優生思想にどう向き合うのか

優生保護法と当事者運動

小森淳子

1　問題意識

(1) 障害当事者として

筆者は、四肢麻痺と構音障害のある脳性まひ当事者である。幼い時から、両親に「障害者は世の中の隅っこで静かに生きなさい。とくに、障害者がおしゃれをしたり、人を好きになったりすることは恥ずかしいことだよ」と教えられてきた。また、小学校・中学校・高校と通常学級で、障害のない元気な子どもたちの中で学び、さまざまないじめ、時には担任教師からのいじめも受けながら、育った。自分の努力ではどうしようもできない機能障害（impairment）をもつことにより、蔑まれ、不当な扱いを受けることを実感する子ども時代だった。そこから逃げ出すこともできないが、そうしたことに慣れることもなかった。それでも、理解してくれる友人や教員に支えられつつ、機能障害があっても、頑張れば報われるという希望を少しは持ちながら、成長したような気がする。

しかし、大学受験の時、露骨な優生思想に出合うはじめての体験をした。国際障害者年の数年後、筆者は、ある国立大学を受験しようとしていた。二次試験の直前、大学事務局から電話がかかってきて、「受験しに来ないでください。障害者が受験しに来ると、身体検査とかしなくてはいけないから面倒だし、国立大学は障害者を入学させたくはないのです」と言われた。「どうして、国立大学は障害者を入れたくないのですか」と理由を尋ねると、「障害者は大学教育を受けても、高額納税者にはなれないから、そんな人を国立大学に入学させたら、国は元を取れないでしょ?」という返事が返ってきたのだ。「世の中は、そんなふうに回っているんだ」と、現実を知った瞬間だった。なけなしの希望も失いそうになったが、私立大学で社会福祉学を学び、自分が差別を受ける個人的な体験と社会のしくみを結びつけて、整理するための理論を獲得した。

大学卒業後、結婚し、二児を育てながら、障害当事者として講演・執筆活動を続けてきた。子どもたちが大学進学のため家を出たのを機に、大学院に行き、研究の道を志す遅い出発となった。

その翌年の二〇一六年に相模原障害者殺傷事件が起こり、二〇一八年一月、優生保護法による強制不妊手術の被害者で、後述の知的障害のある六〇代の女性が、仙台地裁で全国初の国家賠償請求訴訟を起こした。相模原事件で日本にはまだ優生思想が残っていると感じたことが、訴訟を起こす動機になったとし、被害者の代理である義姉は、第一回口頭弁論で「優生思想に今、向き合わなくては、相模原のような事件はまた起きる。障害者だから傷つけられてもいい社会なんて、絶対にない」と語った。

これらの情勢を通して、「優生思想」という言葉が急にクローズアップされ、幼いころから受けてきた親からの言動、学校でのいじめ、受験時の差別、そして、子育ての中で受けてきた「障害者に子育てなんかできない」「子どもがかわいそう」という偏見や差別の体験など、すべての個人的な体験がこの言葉に吸収されていくように感じられた。そして、自分が「抗いたかったもの」の輪郭が示されたように思われた。

（2）「優生思想」の特質

筆者が障害当事者として感じてきたなかで、注目したい「優生思想」の特質としては、はじめから悪意そのものではなく、むしろ、善いもの、望ましいものをめざす時に立ち現れる排除と人権侵害の思想だということである。マクロでは、より善いものを熱意をもって推し進める時に、その陰に存在する人たちを排除しても構わないとしてしまう考え方であり、ミクロでは、善意や愛情の延長線上に人権侵害が起こっても仕方がないと、その人権侵害を肯定する考え方なのではないかと思う。

前者の事例では、国立大学を受験した時に「受験しに来ないでください」と言った大学職員は、国の税金が有効に使われるようにしなければならないという使命感で、経済投資に値しない筆者を排除したとも言えるし、後者の事例では、筆者に「世の中の隅っこで静かに生きなさい」と両親が言い続けたのは、社会の主流に参加しようとして排除されたり、心が傷つけられたりしないようにという親の愛情から生まれたものだとも言えよう。

そのような特質があるのならば、評価主体が何を「善いもの」「望ましいもの」と質的に判断するかの基盤となり、ある状況において判断をするときに、「何が優先されるべきか」と方向づける「価値」が、根幹にあるとされるソーシャルワーク（藤井 2018）は、優生思想に親和的になる危険性を孕んでいるのではないだろうか。これが、筆者の問題意識である。

三島亜紀子（2017）によれば、日本でも、社会福祉の関係者が優生学を依拠すべき学問の一つと位置づけてきた歴史的事実があり、マーガレット・サンガーの産児制限や、エレン・ケイの結婚時に健康についての医師による証明書が必要であるとする主張、優生手術など、優生学的措置の在り方はさまざまだったが、こうした措置を受けさせられた人たちは、貧困者、障害者、移民、セックスワーカー、ＬＧＢＴの人、アルコールや薬物依存の人などで、本来、ソーシャルワーカーが実践の場で向き合わなければならない人たちだった。優生手術などのように、直接的に弱者の身体や生き方に介入しなくても、レスリー・マーゴリンが指摘したようなソーシャルワーカーが「やさしさの名のもとに」手にしていた権力の問題は、これまでも批判されてきており（マーゴリン 2003）、ソーシャルワークと優生思想がつながる危うさに対する指摘は少なくない。

本章では、まず、二〇一八年に開示請求して得られた、岐阜県優生保護審査会の資料の事例を見ながら、ソーシャルワーカーである民生委員が、どのような「価値」に依拠しながら、優生手術に関与してきたかを検討する。次に、「優生手術に対する謝罪を求める会」などの当事者運動が、どのような「価値」を大切にしながら、優生手術被害者の尊厳の回復を支えてきたかに言及し、両者を考察することにより、ソーシャルワークが優生思想にどう向き合うべきか、筆者なりに提言したい。

2　優生保護法による強制不妊手術の被害について

（1）被害者となった人たち

優生保護法は、一九四八年から一九九六年に「母体保護法」に改正されるまで施行された法律で、「優生上の見地から不良な子孫の出生を防止するとともに、母性の生命健康を保護すること」を目的とし（第一条）、「優生」の理念をその名にかかげ、「優生上の見地」からの不妊手術や中絶を（刑法の堕胎罪に対して）合法化した法律であった。

優生保護法の言う「不良な子孫」を産む可能性のある者とは、次のような人たちとされた。

①本人若しくは配偶者、又は本人又は配偶者の四親等以内の血族関係にある者が遺伝性精神病質、遺伝性身体疾患若しくは遺伝性奇形を有し、又は配偶者が精神病若しくは精神薄弱を有しているもの、本人若しくは配偶者が癩疾患にかかったもの（第三条）

②別表[1]に掲げる疾患である、遺伝性精神病（精神分裂病、そううつ病、てんかん）・遺伝性精神薄弱・顕著な遺伝性精神病質・顕著な遺伝性身体障害・顕著な遺伝性奇形を有しているもの（第四条）

③別表第1号または第2号に掲げる遺伝性のもの以外の精神病又は精神薄弱を有しているもの（第一二条）

手続きとしては、①は本人または配偶者の同意を得て、②は本人の同意がなくても、医師が「公益上」必要と認め、都道府県優生保護審査会の承認を得て、③は保護義務者の同意があれば、実施してよいとされた。ハンセン病の人たちも、遺伝性の疾患ではないにもかかわらず手術を実施され、同意を得てというよりは、不妊手術が結婚の条件とされるかたちで、押しすすめられた。

しかし実際は、さらに不適切に運用され、法の枠を超えて、被害を受けた人が以下のように広がっていったのである。

身体障害者は、介助者が月経の手当てが大変という理由で、施設入所の条件として、レントゲン照射や子宮摘出などの手術が行われた。

精神障害者は、精神病院入院中、妊娠しても育てられないからという理由で中絶され、また、退院の条件として不妊手術をするように言われた。

知的障害者は、女性に対しては、性被害に遭い妊娠するのを防ぐためという理由で不妊手術が行われ、男性に対しては、加害者にならないようにと施設を退所する際に実施された。

聴覚障害者は、結婚は許されたが、子どもは産まないようにと言われ、結婚の条件として、不妊手術を受けさせられた。手話通訳などのコミュニケーションの保障がなく、わからないまま受けさせられたり、盲腸の手術だなどと騙されて受けさせられたりした。

また、生活保護家庭や児童養護施設の社会的養護の子どもたちに対しても、障害がなくても不妊手術が実施された。

公式統計では、この法律が施行されていた約半世紀の間、手続き上本人の同意を必要としない強制不妊手術（第四条、第一二条適用）は、約一万六五〇〇件実施された。このような手術は、八〇年代に入っても一四〇件報告されている。また、形式的には本人や保護者の同意を得ていても、事実上強いられた状況下で行われた不妊手術が多く、その件数は約八五〇〇件であり、不妊手術の総数は、二万五〇〇〇件になる。優生上の理由からの人工妊娠中絶は五万九〇〇〇件で、不妊手術と人工妊娠中絶を合わせると、総計は約八万四〇〇〇件とされる（松原 2000）。

（2）優生保護法の罪深さ

優生保護のための強制不妊手術は、日本だけではなく、福祉国家とされる北欧など世界の国々で行われたが、日本の強制不妊手術の特徴として、次の二つが挙げられる。

一つは、術式の拡張の容認がたやすく行われていったことである。優生保護法第二条では、「この法律で優生手術とは、生殖腺を除去することなしに、生殖を不能にする手術で命令をもって定めるものをいう」と優生手術の定義がなされ、第二八条では、「何人も、この法律の規定の外、故なく、生殖を不能にすることを目的として手術又はレントゲン照射を行ってはならない」と書かれてある。しかし、月経をなくすための子宮摘出手術やレントゲン照射が数多く実施されていった。それは、第二八条の「故なく～おこなってはならない」を、「故あれば、～おこなってもいい」と読みかえて、「故」＝学術研究のためなどとし、このような術式の拡張の容認が行われていったのではないかと言う[2]。「故なく～」の読み替えが、術式の拡張の容認に繋がっていった。

二つ目は、実施方法においても強制的であったことである。上述のように、同意の取り方が不適切であったことに加え、戦前から引き続き人口政策を推進してきた厚生省は、手術の件数を県同士で競わせ、一九五三年には各都道府県知事宛てに、必要ならば「身体の拘束」「麻酔薬施用」「欺罔」等の「強制の方法」を用いて、これを実施してよいと指導している（松原 2000）。この法律の酷い運用は、こうして留まることがなかった。

このように、優生保護法は、障害のない人に対して、母体の健康のための不妊手術（第三条）や、母体の健康・経済的事情・レイプによる妊娠を理由とする人工妊娠中絶（第一四条）を合法化することによって、セクシュアル・リプロダクティブ・ヘルス／ライツ（性と生殖の健康と自己決定権）を不充分ながら認め、障害のある人からはセクシュアル・リプロダクティブ・ヘルス／ライツを暴力的に奪った法律であった[3]。つまり、国が、子どもを産んでいい人と産んではいけない人を選別し、不可逆的に、決定的な区別をしていったのである。

（3）優生手術の申請への民生委員の関与

二〇一八年五月に、「優生保護」に関する行政資料について、岐阜県に開示請求した。その結果得られた、岐阜県優生保護審査会議事録一九六〇（昭和三五）年七月から六四（昭和三九）年三月分（六四人分）のうち、民生委員という言葉が資料の中に書かれているものが三事例あった。それらから、民生委員がどのような価値判断をしたのかについて考察したい。なお、表記は当時の資料のままである。

事例1：Aさん　女性　三七歳　精神薄弱（一九六〇年七月一二日資料）

【申請理由】

遺伝性精神薄弱のため、第四条の規定により、優生手術を行うことを必要と認める。

【経過及び現在】

生来性の精神薄弱者であり、高度の「どもり」にて、会話が殆ど不可能である。

【本人の経歴】

小農家に、七人兄弟の四女として出生した。生来性の精神薄弱と高度のどもりで小学校六年まで通学したが、学校に籍があったというにすぎなかった。その後、家に在って簡単な農作業や家事手伝いをしていた。二四歳の時現在の夫と結婚し、七人の子を出産した。夫婦とも精神薄弱で、満足な家事・育児能力もなく、近所に住む親戚の手助けによっているものの、すでに三人、死亡せしめている。

【家庭の状態】

夫、本人、四人の子ども六人暮らし。気が向くと、日雇いの炭焼きの仕事に行っていて、月収二〇〇〇円余りのため、生活扶助を受けている。長男、次女ともに精神薄弱で、成績も芳しくない。

【優生手術の同意】

夫、親戚、民生委員

事例1については、Aさんが、すでに三人の子どもを死亡させていて、近所に住む親戚に迷惑をかけ、生活扶助を受けているという、多問題を抱えた女性障害者として、民生委員が積極的に優生手術の対象にしたことが、資料から見て取れる。本来、夫婦に対し避妊の方法をわかりやすく伝えたり、Aさんの子育てを支援したりすること、Aさん自身を支えることが重要であると考えられるが、Aさん自身にとって「望ましいこと」ではなく、親戚など周囲の人たちにとって「望ましいこと」が優先されている。

事例2：Bさん　女性　二四歳　精神薄弱（一九六三年七月一〇日資料）

【申請理由】

本人も精神薄弱であるが、祖母も精神薄弱で、子孫に遺伝するおそれ。

【経過及び現在】

六二年より、人の言うことを聞かず、泣きわめき、外出が目立ち、異性に対する関心も強い。刺激的爆発的で、度々興奮して暴行す。更に心気的訴えが多く、性的関心も目立つ。

【本人の経歴】

本人は出生同胞二名で、三八年に母親が死亡したため、四〇年に○○に移住し生活していたが、父親も胃癌で病死。当時の民生委員が身元引受人となり、中学校を成績は下位ながら卒業し、一年間は○○の農業に従事していたが、本人の希望により、○○に雑役として就職したが、二年程して○○印刷工場や○○菓子工場に転々と変わり、又最初の○○にもどり働いていたところ、本人が妊娠しているから引き取りに来るよう連絡があり、連れ戻したところ、相手の男性はわからず、○○病院で三月三日中絶した。その後、夕方になると徘徊するようになり、四月一六日○○病院に入院した。

【家庭の状態】

両親死亡し、姉と分かれて養育され、姉は○○工場に勤めたが、本人同様精薄であり、現在行方不明。養産（?）とては全然なく、現在、医療扶助の適用を受けている。（＊?＝コピーが不鮮明で、よく読み取れない）

【優生手術の同意】

身元引受人

事例2について、Bさんは、性被害に遭って妊娠したと考えられる。「泣きわめく……爆発的に興奮し……」という記述は、PTSDの症状ではないだろうか。Bさんは被害者にもかかわらず、自身が中絶や優生手術をさせられることにより、この問題の解決が図られてしまっている。理不尽な民生委員の介入が、資料から見えてくる。本来なら、知的障害のある女性への性暴力をなくすための動きや、Bさんのような知的障害のある女性への適切な性教育が課題になると思うが、Bさんを性被害から守るという視点ではなく、性被害に遭っても、妊娠さえしなければ周囲に迷惑がかからないという考え方が透けて見える。この事例も、Bさん自身にとって「望ましいこと」ではなく、民生委員など周囲の人たちにとって「望ましいこと」が優先されている。

事例3：Cさん　女性　三一歳　精神薄弱（一九六三年一二月二五日資料）

【申請理由】

精神薄弱で、最近体力が減退し、めまいがする。家計、仕事のことなど、生活全般について、近隣の人や民生委員の指導を受けている。子どもは三人とも知能低く、発育も遅れている。この上子どもを産むことは、健康上思わしくない。また、家族にも生活全般にも悪影響を及ぼす。

【経過及び現在】

病識欠如。すべてに計画性皆無。記憶力は毎年衰えてきている。徘徊。

【本人の経歴】

小学校に通ったが、常に成績は最下位で、友人もなく、身体も弱かった。結婚後も病弱で、近隣とも交際せず、民生委員や近隣の有志から指導を受けている。

【家庭の状態】

家族構成は、父（七三）、夫（三四）、本人（三一）、長女（五）、長男（四）、次男（二）。世帯主は老齢で、殆ど寝たきりで、夫の日稼と農業により生活している。夫も知能程度低く、複雑な仕事はできない。家の中の衣類・家具等の整頓、室内の清掃はできておらず、住居の内外は雑然としている。子どもたちは母親（本人）の後について動いているが、汚れた衣類を身につけ、手足・顔も汚い。

【優生手術の同意】

民生委員の努力により、父、夫

事例3では、子どもたちは母（当事者）を慕っており、家族は仲良く、幸せを感じているのではないかと資料から読み取れる。優生手術の同意に関しては、「民生委員の努力により」とあり、父や夫は、本当は優生手術を受けさせたくなかったのではないかと思われる。申請理由に健康上の問題を挙げているが、優生手術を受けたら、さらに症状が悪化する可能性もあるだろう。この事例も、Cさん夫婦に避妊の仕方などをていねいに伝えてあげれば、解決する問題である。無理に対象者にさせられた印象を受けるのは否めない。民生委員や近隣の人たちから受けているのは、「指導」と書かれており、日頃のCさんや家族への周囲の人たちの態度が、いかに上から目線で高圧的かが窺える。優生手術も、本人や家族の思いを無視した、周囲の人たちによる家庭への暴力的な介入と言ってもいいのではないか。右の二つの事例と同様に、Cさん自身にとって「望ましいこと」ではなく、民生委員や近隣の人たちにとって「望ましいこと」が優先されている。

（４）民生委員が依拠してきた「価値」とは

民生委員の前身である方面委員制度は、一九一八（大正七）年に、当時の大阪府知事林市蔵とその政治顧問だった小河滋次郎が、ドイツのハンブルクで行われていたエルバーフェルト・システムを元に考案したものである。三島（2017）によれば、林と小河はこの方面委員制度の創設より四か月前に、動物虐待防止事業に力を入れており、動物愛護会の事務所も大阪府の救済課内に置かれていた。注目したいのは、動物虐待防止と言っても、動物の感じる苦痛そのものへの関心というより、「社会救済」あるいは「博愛の精神」の涵養や「人道」「社会改良」に重点が置かれていたことである。動物虐待を放置しておくと、風俗が乱れ、犯罪を招き、社会の安寧を脅かすとされ、リスクを社会から取り除くという社会的な仕事として、その目的は動物愛護と方面委員制度とに共有された。

日本より先にヨーロッパの国々で、動物に憐みのまなざしを向けることは「野蛮」な状態から脱し、「社会進化」するための方策の一つと認識されたと同時に、資本主義社会にむけて、動物虐待という夜間に行われることの多い民衆の娯楽をやめさせ、工場の労働者の規則正しい生活を管理するといった近代化を促す背景もあった。そういった外圧を受けて、こうした進歩史観は方面委員制度の基礎となった。社会が進歩して、生存競争が激しくなった世の中で路頭に迷う落伍者＝貧困者を、一般の人々とは異質な存在と見なし、動物を救うのと同じロジックで貧困者を救い、問題を解決しようとしていた。そのような見方は、人間に優劣をつけることである。この進歩史観の延長線上にあるものは、社会ダーウィニズム（ダーウィンの生存競争による最適者生存の理論を誤解ないし拡大解釈して，社会進化における自然淘汰説を導き出そうとしたもの）や優生思想であり、方面委員制度がそういったものに立脚していたことは否定できない。

また、三島（2017）によれば、方面委員制度には、意図的に「五人組制」という在来知が活用された。五人組とは、互助組織である前に「江戸時代の庶民統制のための組織」であり、統治の装置とされていた。貢租の納付や治安維持、キリシタン禁制の徹底など、「連帯」ではなく、「連帯責任」という仕組みにより、庶民を相互に監視し合わせ、徳川時代の三〇〇年間、効果を発揮した。一九二三年の関東大震災のときに、四〇〇〇もの自警団[4]が自然発生的に組織されたのも、背景に五人組の素地があったからだと指摘される（穂積 1943）。

そして、第二次世界大戦時には、五人組は「隣組」として復活し、制度化された。このとき、中央官庁で「方面委員制度廃止論」が高まったと言う（大阪府民生委員児童委員講義会連合会のホームページより）。方面委員制度が隣組と同様に五人組を基礎にした組織であり、共通する性質が多いとみなされたからだと三島は言う。敗戦後、方面委員制度は、名称は変わったものの、その性格は刷新されたとは言えず、上記の優生保護審査会の資料の民生委員へと続いている。

以上より、民生委員は、社会の中で疎外された人たちを、その本人の「望ましい」生のために救うのではなく、人間に優劣をつけて、社会からリスクを取り除くために、あるいは社会の発展の邪魔にならないように、劣った人たちを放置せず、何らかの対処をするということが使命とされてきたと言えよう。また、社会的弱者の人権を保障するのではなく、統治の装置として役割を果たすことが、民生委員の仕事の特質として歴史的に存在した。当事者の利益よりも、社会全体の利益を重んじ、当事者ではなく関係者の選好（好ましさ）による決定を是とする選好功利主義（藤井 2018）に陥ることが許されてきた。当事者にとって「望ましいこと」「善いこと」よりも、家族や親戚、近隣、地域社会の「望ましいこと」「善いこと」を優先することは、おそらく民生委員の尊い仕事として疑いの余地はなかっただろう。上述の資料の民生委員たちは、自分は見事に役割を果たしたと思っていたに違いない。そこに、優生手術という著しい人権侵害があったとしても。

3 「優生手術に対する謝罪を求める会」の活動から見えてくること

(1) 国家賠償請求訴訟に至るまで

優生保護法は、戦後、半世紀ものあいだ日本の片隅にひっそりと存在していた。基本的人権を高らかに謳う日本国憲法と、なぜ、こんなに長い時間併存していたのか、ていねいな研究が必要である。この流れを変えたのは、一九九四年にカイロで開催された国連国際人口・開発会議NGO会議で、安積遊歩さんが「日本にはまだこんな法律がある」と、「不良な子孫の出生を防止する」ことをかかげた優生保護法を批判したことである。これが国際的な反響を呼んで優生条項削除への圧力となった。

一九九六年、優生保護法から優生条項がなくなり、母体保護法へと変わった。優生保護法の何が問題だったのか、どこが差別だったのか、この法律の下でどんな人権侵害が行われていたのか、何の検証もされないまま、国会で論議もされないまま、法律だけが変わっていった。

一九九七年八月、「スウェーデンで七六年まで障害者に強制不妊手術が行われていた」という衝撃的なニュースが大きく新聞に取り上げられた。福祉国家と言われるスウェーデンで、優生思想の象徴ともいえる強制不妊手術が行われていた事実は、当事者や関係者のみならず、多くの人を震撼させた。すぐに、「強制不妊手術に対する謝罪を求める会」［後に「優生手術に対する謝罪を求める会」（以下、求める会）に変更］が結成され、厚生省との交渉とともに、一一月、緊急集会「北欧だけじゃない強制不妊手術、日本政府の謝罪は？」を開催し、強制不妊手術被害者ホットラインの開設を発表した。

このホットライン第一回目に被害を訴えて来られた方が、宮城県の飯塚淳子さん（仮名）だった。飯塚さんは、父親が病弱で働くことができなかったため、仕事に出る母親に代わって、家事をしたり、弟や妹の面倒を見たりしなければならず、ほとんど学校に行けなかった。そういう状況で生活保護家庭となり、地域の人々から偏見や差別を受け、中学三年の一年間軽度知的障害児施設に入所させられ、卒業後、職親[5]に託された。一六歳の時、民生委員と職親によって、父親は優生手術の同意に捺印を強制され、飯塚さんは宮城県中央優生保護相談所附属診療所において優生手術を受けさせられた。飯塚さんはご自身に関する優生手術台帳を求め、県に対して個人情報開示請求をしたが、県は昭和三七年度の文書だけ見当たらないとし、今もなお開示していない。

その後、宮城県内で電話無料法律相談が行われた際に、飯塚さんが新里宏二弁護士とつながり、飯塚さんは二〇一五年六月、新里弁護士の支援のもと、日本弁護士連合会へ「人権救済申し立て」を行い、その報告集会として、求める会は院内集会を議員会館で開いた。多くのマスコミの取材を受け、これを機に広く報道されるようになり、一般の人々の関心を集めるようになった。そして、求める会は他の被害者ともつながっていった。

日本政府の認識は、国際的な勧告を受けても、なかなか変わっていかなかった。一九九八年の国連規約人権委員会の勧告を受けても、日本政府は被害者への補償に取り組まなかった。そんな中、二〇一四年に日本政府は、第二三条に障害者が生殖能力を保持する権利が明記された障害者権利条約を批准した。そして、二〇一六年二月に、DPI女性障害者ネットワーク、SOSHIREN女（わたし）のからだからのメンバーが、ジュネーブの国連女性差別撤廃委員会（CEDAW）に働きかけ、日本政府は同委員会からさらに厳しい勧告を受けた。

そういう外圧を受けて、ようやく、国会で優生手術被害者についての質問に対して、当時の塩崎泰久厚生労働大臣が「しっかりと対応したい」と答弁し、母子保健課と飯塚さんや求める会とのヒアリングが実現された。

二〇一七年二月、日弁連は「旧優生保護法下において実施された優生思想に基づく優生手術及び人工妊娠中絶に対する補償等の適切な措置を求める意見書」を厚労大臣に提出し、求める会も意見書を発表した。この日弁連の意見書の報道を見て、仙台の佐藤路子さん（仮名）が新里弁護士に、義妹の佐藤由美さん（仮名）が不妊手術を受けさせられたと義母から聞いていたことを連絡してきた。さいわい、由美さんの優生手術台帳は残っており、路子さんも厚労省とのヒアリングに参加したが、「当時は合法だった」と繰り返す課の担当者の態度に、裁判を起こすことを決心され、二〇一八年一月三〇日の提訴に至った。

厳しい外圧がないと腰を上げない日本政府に対して、飯塚さんと求める会が長きにわたって粘り強いたたかいを続け、決してあきらめなかったおかげで、優生保護法についての国家賠償請求訴訟が起こされ、戦後、世の中の片隅に追いやられていた、多くの深刻な人権侵害が白日の下にさらされた。

（2）求める会が大切にしてきた「価値」とは

求める会の前身は、「母子保健法改悪に反対し、母子保健のあり方を考える全国連絡会」そして「なくそう優生保護法・堕胎罪、かえよう母子保健全国連絡会」（以下、全国連絡会）であった。この全国連絡会の名前に出てくる三つの法律について、言及したい。

一八八〇年に刑法に堕胎罪が規定されてから現在に至るまで、日本では堕胎（中絶）は犯罪であり、堕胎した女性は処罰の対象になる。つまり、「女性は妊娠したら産みなさい」という基本的なメッセージがまず存在する。

その上で、戦前の国民優生法（一九四〇）と戦後の優生保護法（一九四八）を通して、「こういう人は産んではいけない」と国家が選別し、本人の同意がなくても、強制的に不妊手術も中絶もできるようにした。

さらに、一九六五年に作られた母子保健法は、子どもを産み育てることに鑑みて、女性のからだ（母性）を保護しようとする法律であり、将来の労働力となる子どもたちを健全に育てるために、妊娠中の女性のからだの健康管理と、子どもの出生後の（障害がないかどうかチェックするための）乳幼児健診を定めたものである。この法律のメッセージは、「産むなら、健全な子どもを産みなさい」ということになる。

そして、一九六六年には、ダウン症などの障害がわかる羊水検査を行政プログラムに導入した「不幸な子どもが生まれない運動」が兵庫県から全国に広がった。さまざまな障害者団体が抗議し、六年で消滅したが、この運動が優生保護法の理念を媒介する形で、「自発的優生学」として個人が自ら障害児の出生を抑制する流れは残ってしまった。その後、出生前検査の技術は進み、現在の対象拡大（二〇二二年度からすべての妊婦に出生前検査の情報を提供）に至っている。

つまり、堕胎罪‐優生保護法‐母子保健法によって、国家は女性の身体に介入しながら（優生保護法は男性の身体に対してもだが）、人口の量の調節と質の管理をしてきたと言える。恋する気持ちや子どもを産み育てるという、私たち一人ひとりのプライベートないとなみが、国家の人口政策に利用されてきたのである。求める会の前身、全国連絡会は、ここを一致点にしてきた。

その一致点に辿り着くまでには、紆余曲折があった。全国連絡会は、一九八二年の優生保護法改悪への反対運動がきっかけとなって作られた。優生保護法の中の経済的理由を削除して、実質的に堕胎罪を機能させ、中絶を受けにくくし、人口を調節しようとした改悪に向けて、女性解放グループを中心とした市民運動の女性たちが、「産む産まないは、女（わたし）が決める」と主張し、選択の自由と、自分で決めることを求めたのである。

七〇年代前半には、胎児に障害がある場合は中絶できるとする「胎児条項」を、新設するという優生保護法の改悪案が出てきたが、その時、「胎児の障害を理由とする中絶を許さない」とする障害者グループと、産む産まないを自分で決めることを求めてきた女性グループとの対立が生まれた。その対立が、八〇年代にも引き継がれた。

しかし、女性グループにも障害者グループにも、この対立から逃げない人たちがいた。とりわけ障害のある女性たちが、八〇年前後から、月経の介助が大変だからという理由で、時には施設入所の条件として、子宮摘出手術やレントゲン照射を受けるよう追い込まれてきた状況を語り始めた。「女性障害者は、そもそも産むか産まないかを決めたり選択したりする自由が奪われている」という声が、障害者グループや介助者たちから上がった。この声を女性グループは真摯に受け止め、産むことを強く求められてきた障害のない女性たちや、産めなくて不妊に悩む女性たちともつながり、この対立を乗り越えていった。「産む」「産まない」「産めない」ことで女性たちを分断しながら、人口の質と量を管理する国家の人口政策に、女性のからだが利用されることに対して「NO」を突きつけ、「私たちの性と生」を自らの手に取り戻そうと連帯していったのだ。産んでも、産まなくても、産めなくても、私は私と肯定できる社会、どんな私でもかけがえのない存在として尊重される世の中（大橋 2018）をめざして活動していった。

このような全国連絡会の逃げない姿勢、あきらめない対話、分断されない関係性、粘り強い運動が、求める会にも引き継がれた。それらは、女性として障害者として複合的な差別を受けてきた、もっとも弱い立場にある女性障害者を「当事者」の真ん中にして、社会変革をめざすことによって育まれたものであった。より良い社会をめざしながらも、求める会は、その陰に存在する人たちを排除しなかった。というより、その陰に存在する人たちをつくらない理念や思想にたどりついたのである。

4 ソーシャルワークは優生思想にどう向き合うのか

優生保護法をめぐって、民生委員が重んじる価値と、当事者運動が大切にしてきた価値を並べて考察することに、何の意味があるのかと問われそうだ。しかし、「善いこと」「望ましいこと」をめざす時、その陰に存在する人たちの人権を侵害し、優生思想に与してしまった民生委員たちと、排除され人権を侵害されてきた人たちの尊厳の回復をていねいに支えながら、優生思想に抗うことに到達点を見出した当事者運動とは、人類の発達が人権思想と優生思想とのせめぎ合いの中に存在する（小森 2019）と見た時に、正反対の流れといっても過言ではないだろう。ソーシャルワークが優生思想に親和的になる危険性に陥らないようにするためには、求める会や全国連絡会の当事者運動に学ぶ必要がある。

当事者運動は、もっとも人権が侵害されている当事者の想いやねがいと向き合い、それを運動の中心に据えて活動してきた。当事者の利益よりも、社会全体の利益を重んじ、当事者にとって「望ましいこと」「善いこと」よりも、周囲の人たちや地域社会の「望ましいこと」「善いこと」を優先することに、ややもすれば陥りやすいソーシャルワークと、決定的に異なる点は次の三点であると考える。

一つ目は、求める会などの当事者運動が、インクルーシブであること、誰も取り残さないことが重要であるというところに到達したことである。もっとも弱い立場にある当事者の視点を、もっとも重視し、それをみんなで学び合うことにより、善意や思いやりといった主観的なものの延長線上で、または「望ましいこと」「善いこと」をめざす時に、その陰に存在してしまうような人たちが排除されたり、人権侵害されても仕方がないとするのではなく、そういった人たちの存在をなくしていくような思想や理論を構築し、分断されることなく活動していったことである。

二つ目は、常に「社会変革」を忘れなかったことである。当事者運動としては、それは当然のことであるが、本来ならソーシャルワークにとっても、当事者運動と同じくらい当たり前のはずである。ソーシャルワークのグローバル定義に、「ソーシャルワークは、社会変革と社会開発、社会的結束、および人々のエンパワメントと解放を促進する、実践に基づいた専門職であり学問である」とあるように、社会変革やエンパワメントは、ソーシャルワークの肝でもある。エンパワメントも、社会変革を志向した概念である。「社会変革の任務」の記述の中に、「ソーシャルワーク専門職は、それがいかなる特定の集団の周縁化・排除・抑圧にも利用されない限りにおいて、社会的安定の維持にも等しく関与する」とあるが、まさに優生手術は、「特定の集団の周縁化・排除・抑圧に利用され」ている状態なのであり、民生委員たちは社会的安定の維持に寄与してはならなかったのである。

三つめは、求める会などの当事者運動が「権力」の思惑を見抜いていったことである。優生保護法による強制不妊手術の問題は、家族や地域住民は仕方がないとしても、民生委員や医療者や福祉関係者などの専門職も、権力の思惑を読み解けず、「障害者がいると迷惑だ」と思う個々人の内面（内なる優生思想）を、権力にからめとられつつ利用されていったために起こったものである。優生保護法が半世紀ものあいだ、あのような甚大な人権侵害を、あのような多くの人に対してし続けてしまったのは、その結果に他ならない。

ソーシャルワーカーは、マーゴリンの言うように「優しさ」という名の権力をもっている。故に、自分の手の中にある小さな権力に敏感でなければならない。そして、その小さな権力が迎合しやすい、国や行政といった大きな権力にも敏感でなければならない。常に、権力に対して批判的な意識を持ち、権力の思惑を読み解く力を育んでいく必要があるのではないだろうか。

コロナ禍で世界じゅうが生命の尊さに向き合ったにもかかわらず、ロシアがウクライナに侵攻し、戦争が今も続いている。戦争は、最たる優生思想である。国のためなら、個々人の生命や平穏な暮らし、財産、自由などが犠牲になっても構わないというのが、戦争である。そんな状況の中で、日本も軍事費を急激に拡大しようとしている。「国民の命、暮らし、事業を守るために、抜本的に防衛力を強化する」「反撃能力の保有は、相手に攻撃を思いとどまらせる抑止力となり、今後、不可欠になる能力だ」など、あくまで平和のため国民のために、軍拡を進めると言葉巧みに言っている。軍事費の拡大は社会保障をこわしていく。はたして、人々の生命や暮らし、自由といったものを脅かす方法で、それらを守ることができるのだろうか。今こそ、ソーシャルワーカーたちは、権力の思惑を読み解き、社会の空気が最たる優生思想に流れていくことに抗う役割を果たすべきではないだろうか。

以上から、誰も取り残さずインクルーシブであること、社会変革を志向すること、権力に批判的であることの三点が、ソーシャルワークは優生思想にどう向き合っていけばいいのかというテーマに対する、筆者なりの提言である。ソーシャルワークが優生思想に親和的になりうる危険性を常に自覚し、この三点を見失わないように、人権意識のアンテナをみがいていく、絶え間ない努力が必要であると考える。

■註

1　第1号：遺伝性精神病（精神分裂病・そううつ病・てんかん）、第2号：遺伝性精神薄弱、第3号：顕著な遺伝性精神病質（顕著な性的異常・顕著な犯罪傾向）、第4号：顕著な遺伝性身体疾患（ハンチントン氏舞踏病・遺伝性脊髄性運動失調症・遺伝性小脳性運動失調症・神経性進行性筋萎縮症・進行性筋性筋栄養障がい症・筋緊張病・先天性筋緊張消失症・先天性軟骨発育障がい・白児・魚りんせん・多発性軟性神経線維しゅ・結節性硬化症・先天性表皮水ほう症・先天性ポルフイリン尿症・先天性手掌足しよ角化症・遺伝性視神経委縮・網膜色素変性・全色盲・先天性眼球震とう・青色きよう膜・遺伝性難聴又はろう・血友病）、第5号：強度な遺伝性奇形（裂手，裂足・先天性骨欠損症）

2　二〇一八年一一月八日、旧優生保護法下における強制不妊手術について考える議員連盟勉強会、松原洋子氏（立命館大学）の講演「優生保護法の優生条項およびその運用の問題点」

3　旧優生保護法に関する障害学会理事会声明（二〇一八年三月七日）

4　一九二三（大正一二）年の日本で発生した関東地震・関東大震災の混乱の中で「朝鮮人や共産主義者が井戸に毒を入れた」というデマが流れ、それを信じた官憲や自警団などが多数の朝鮮人や共産主義者を虐殺した事件である。正確な犠牲者数は不明であるが、論者の立場により、推定犠牲者数に数百名~約六〇〇〇名と、非常に幅広い差がある。

5　知的障害者を預かり、社会適応できるよう指導訓練する人。当時の精神薄弱者福祉法に定められていた。

■引用・参考文献

藤井美和 2018「社会福祉における価値――いのちの視点から」『人間福祉学研究』11（1）：43-55

穂積重遠 1943『五人組と大東亜共栄圏』啓明会

小森淳子 2019「障害のある者としてやまゆり園事件を考える（特集 障害のある人の尊厳と権利保障）」『障害者問題研究』46（4）：278-283

―――― 2020「岐阜県における障害のある人に対する強制不妊手術に関する一考察――岐阜県優生保護審査会議事録から見えてくること」『岐阜協立大学論集』54（2）：57-73

松原洋子 2000「日本――戦後の優生保護法という断種法」『優生学と人間社会――生命科学の世紀はどこへ向かうのか』講談社現代新書：169-237

Margolin, Leslie 2003『ソーシャルワークの社会的構築――優しさの名のもとに』中河伸俊・上野佳代子・足立佳美 訳、明石書店

三島亜紀子 2017『社会福祉学は「社会」をどう捉えてきたのか――ソーシャルワークのグローバル定義における専門職像』勁草書房

大橋由香子 2018「『産む産まないは女（わたし）が決める』そして、『産んでも産まなくても、私は私』」『優生保護法が犯した罪――子どもを持つことを奪われた人々の証言』現代書館

山本勝美 2018「初版発行以降の『求める会』の活動――優生手術からの人権回復をめざして」『優生保護法が犯した罪―子どもを持つことを奪われた人々の証言』現代書館

あとがき

本書は、二〇一五年秋ころに編者の髙木さんと旭さんが中心となって企画が始まったものである。結局、あれから足掛け七年ほど経過してようやく形ができあがった。忍耐を持って、本書の完成を期待し続けてくださった生活書院の髙橋氏に、まず感謝を申し上げたい。

思えば、この間、日本社会には、身勝手な政治の横行と東京五輪をめぐる問題、格差拡大と派遣労働者の生活苦、それに加えて新型コロナ感染症による経済的打撃など、数多くの問題が生じたが、これらに対して、ソーシャルワーカーは、何をしてきたのだろうか。コミュニティ・ソーシャルワーカーやスクール・ソーシャルワーカーという新しい分野での活躍が注目されるようになったとはいえ、生活苦に喘ぐ人を生み出す社会に対しては、何もしてこなかったと言えるのではないか。

国家資格を持つ社会福祉士の登録者数は、二〇二二年七月現在、全国で二七万九九三人にもなっているが、社会福祉士は本当にソーシャルワーカーしての精神を受け継いでいるのだろうか。ソーシャルワークのグローバル定義には、「ソーシャルワーク専門職の中核となる任務には、社会変革・社会開発・社会的結束の促進、および人々のエンパワメントと解放がある」と記されているが、このことをソーシャルワーカーは自覚しているのだろうか。日々の実践の中で現実化する努力を重ねているのだろうか。

収録した論文には、「政治性の忘却」を問題にした旭論文、「沖縄の現実とソーシャルワークの乖離」を指摘した髙木論文、「子どもの貧困、若者の生活困難」とそれに対する方法としての「ソーシャル・アクション」の必要性を述べた西﨑論文、「ソーシャルワーカーの養成教育」の限界と問題をとりあげた打保論文、そして「援助関係を反省し関係を再構築するための友敵理論」を取り上げた深田論文、「優生思想に向き合う姿勢」を問うた小森論文がある。これらを通して、我々が伝えたかったことは、「ソーシャルワーカーは『社会の変革者』であることを伝えなければならない」という切なる思いである。

それゆえ読者には、社会福祉士の現場での実践と養成教育の在り方を再度見直していただきたいと思うのである。ソーシャルワーカーが、個別支援やコミュニティの支援という日々の実務に終始するだけでなく、支援を受ける人が抱える生活困難が社会構造とどのようにかかわって生じているのかを読み解くことができれば、何が必要とされているのかわかるはずである。「貧困」、「差別」を生み出す社会、そして「平和」を実現することを阻む社会のメカニズムを見抜くことができれば、その変革に向けて行動せざるを得なくなるだろう。そうなれば、一人一人のソーシャルワーカーの行動が周囲を巻き込んで輪となって広がり、一つのうねりとなり、社会変革が現実のものとなっていくと信じている。

本書が、日本のソーシャルワークが、ソーシャルワーク本来の姿に回帰するきっかけとなることを願って世に送り出すこととする。

二〇二三年五月八日

西﨑　緑

本書のテキストデータを提供いたします

本書をご購入いただいた方のうち、視覚障害、肢体不自由などの理由で書字へのアクセスが困難な方に本書のテキストデータを提供いたします。希望される方は、以下の方法にしたがってお申し込みください。

◎データの提供形式＝CD-R、フロッピーディスク、メールによるファイル添付（メールアドレスをお知らせください）。

◎データの提供形式・お名前・ご住所を明記した用紙、返信用封筒、下の引換券（コピー不可）および200円切手（メールによるファイル添付をご希望の場合不要）を同封のうえ弊社までお送りください。

●本書内容の複製は点訳・音訳データなど視覚障害の方のための利用に限り認めます。内容の改変や流用、転載、その他営利を目的とした利用はお断りします。

◎あて先
〒160-0008
東京都新宿区四谷三栄町6-5 木原ビル303
生活書院編集部　テキストデータ係

キリトリ線

【引換券】
いま、
ソーシャルワークに問う

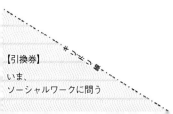

打保由佳（うつぼ　ゆか）

1978年生まれ
障害者運動を行う団体で専従介助者として活動後、静岡県立大学大学院国際関係学研究科修士課程（国際関係学）修了。

障害者支援施設での勤務を経て、現在、中部学院大学人間福祉学部特任准教授。

主要著書・論文に、

『社会福祉相談援助演習――ソーシャルワークの理論と実践をつなぐ』（共編著、みらい、2016年)、「ある地域の障害者運動家のライフヒストリーが提起する障害者差別の様相」(『語りの地平：ライフストーリー研究』VOL.6: 93-114、2021年)、「ある地域の障害者運動家のライフヒストリ――1970・80年代を中心に」(『語りの地平：ライフストーリー研究』VOL.5: 153-169、2020年）など。

深田耕一郎（ふかだ　こういちろう）

1981年生まれ
立教大学大学院社会学研究科博士後期課程修了。博士（社会学)。

立教大学社会学部助教を経て、現在、女子栄養大学栄養学部准教授。

主要著書・論文に、

『福祉と贈与――全身性障害者・新田勲と介護者たち』（生活書院、2013年)、「障害(ハンデ)はゲームをワクワクさせる――身体に依拠したソーシャルワークのために」(『ソーシャルワーク研究』47(2):110-119、2021年）など。

小森淳子（こもり　じゅんこ）

1965年生まれ
日本福祉大学大学院社会福祉学研究科社会福祉学専攻修了。

現在、岐阜協立大学非常勤講師。

主要著書・連載に、

『育ててくれてありがとう　生まれてくれてありがとう』（群青社、2001年)、『CPおばさんのわるあが記』（群青社、2015年)、「連載・お母さんになるのが夢だった」(『季刊SEXUARITY』2008年4月～）など。

【編著者紹介】

旭　洋一郎（あさひ　よういちろう）

1955年生まれ
東洋大学大学院博士課程満期退学。

元・長野大学社会福祉学部教授。元障害学会会長（第3～4期、2007～2011）。

主要著書・論文に、

『社会福祉の新潮流③　障害者福祉論――基本と事例』（共編著、学文社、2007）、「障害者福祉とセクシュアリティ――問題の構造とケアの課題」（『社会福祉学』34 (2)：129-145、1993年）など。

髙木博史（たかぎ　ひろし）

1974年生まれ
立命館大学大学院社会学研究科応用社会学専攻修士課程修了。

社会福祉施設で勤務の後、沖縄大学人文学部助教、長野大学社会福祉学部助教などを経て、現在、岐阜協立大学教授。

主要著書に、

『葛藤する福祉現場――福祉の理想と現実30話』（本の泉社、2005年）、『介護労働者問題はなぜ語られなかったのか』（本の泉社、2008年）、『いっぽいっぽの挑戦――沖縄の貧困・差別・平和と向きあうソーシャルワーク』（編著、福祉のひろば、2015年）など。

【執筆者紹介】

西﨑　緑（にしざき　みどり）

1958年生まれ
首都大学東京大学院社会科学研究科社会福祉学専攻博士後期課程修了。博士（社会福祉学）。

福岡教育大学教育学部教授、島根大学人間科学部教授などを経て、現在、熊本学園大学社会福祉学部教授。

主要著書に、

『ソーシャルワークはマイノリティをどう捉えてきたのか――制度的人種差別とアメリカ社会福祉史』（勁草書房、2020年）、2021年『自由と解放を求める人々――アメリカ黒人の闘争と多面的な連携の歴史』（編著、彩流社、2021年）、『帝国のヴェール――人種・ジェンダー・ポストコロニアリズムから解く世界』（共著、明石書店、2021年）など。

いま、ソーシャルワークに問う
——現代社会と実践／理論・養成教育／当事者運動

発　行———— 2023 年 10 月 1 日　初版第 1 刷発行
編著者———— 旭洋一郎、高木博史
発行者———— 髙橋　淳
発行所———— 株式会社　生活書院
〒 160-0008
東京都新宿区四谷三栄町 6-5 木原ビル 303
ＴＥＬ 03-3226-1203
ＦＡＸ 03-3226-1204
振替 00170-0-649766
http://www.seikatsushoin.com
印刷・製本—— 株式会社シナノ

Printed in Japan

ISBN 978-4-86500-157-0